国外当代教育研究译丛

精准教学系列

主　编　盛群力　肖龙海
副主编　冯建超

言之有理：

提出与辩护主张的方法

YANZHI YOULI:
TICHU YU BIANHU ZHUZHANG DE FANGFA

[美]特蕾西·L. 奥卡西奥　罗伯特·J. 马扎诺　著
里娅·A. 施密特　蒂娜·森　协编
杭秀　译　　毛伟　校

中原出版传媒集团
中原传媒股份公司

大象出版社
·郑州·

图书在版编目(CIP)数据

言之有理：提出与辩护主张的方法 / (美) 特蕾西 · L. 奥卡西奥，(美) 罗伯特 · J. 马扎诺著；杭秀译.— 郑州：大象出版社，2018. 11
(国外当代教育研究译丛.精准教学系列)
ISBN 978-7-5347-9966-2

Ⅰ. ①言… Ⅱ. ①特… ②罗… ③杭… Ⅲ. ①课堂教学—教学设计 Ⅳ. ①G424. 21

中国版本图书馆 CIP 数据核字(2018)第 250109 号

出 版 人　王刘纯
责任编辑　范　倩
责任校对　毛　路
装帧设计　张　帆
出版发行　大象出版社(郑州市开元路 16 号　邮政编码 450044)
　　　　　发行科　0371-63863551　总编室　0371-65597936
网　　址　www.daxiang.cn
印　　刷　河南新华印刷集团有限公司
经　　销　各地新华书店经销
开　　本　787mm×1092mm　1/16
印　　张　6.25
字　　数　82 千字
版　　次　2018 年 11 月第 1 版　2018 年 11 月第 1 次印刷
定　　价　15.50 元
若发现印、装质量问题，影响阅读，请与承印厂联系调换。
印厂地址　郑州市经五路 12 号
邮政编码　450002　　　电话　0371-65957865

浙江省卓越教师培养协同创新中心
2017—2018 年度重点项目“教师教学设计应用模式研究”成果

浙江传媒学院教师教学发展中心合作成果

精准教学系列

“精准教学系列”（The Essentials for Achieving Rigor Series）这套教学指导书有助于教育工作者在实施、监控和适应教学方面做到得心应手。本系列采用了日常示例作为课堂应用的范例，使之具有即时的实践效果。

《确定关键内容：把握重点的方法》

《言之有理：提出与辩护主张的方法》

《记录与表征知识：准确组织与总结内容的方法》

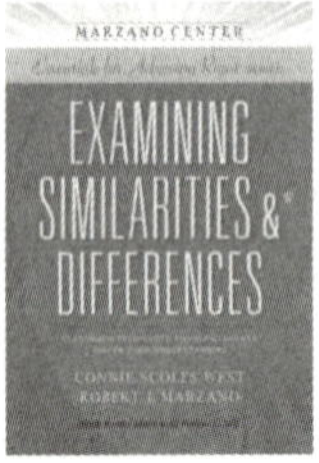

《区分异同：深度理解的方法》

《加工新知：参与学习的方法》

《梳理知识：检查深度理解的方法》

《编制与使用学习目标和表现量规：教师如何作出最佳教学决策》

《参与综合认知任务：跨学科提出与检验假设的方法》

《操练技能、策略与过程：熟能生巧的方法》

《组织学习活动：小组互动方法》

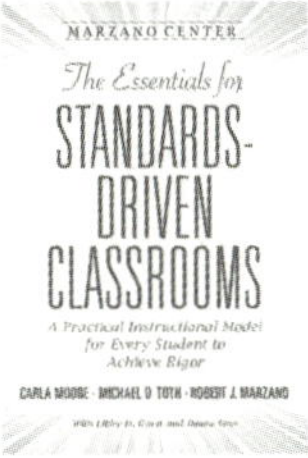

《标准驱动的课堂：精准教学的实践模式》

致 谢

国际学习科学组织（Learning Sciences International）感谢以下审稿人的帮助：

阿曼达 · J. 布什
（Amanda J. Bush）
弗罗里达州，盖恩斯维尔，克拉克堡中学，阅读教师

利娅 · 勒什莱泰 - 卢克
（Leah Lechleiter-Luke）
威斯康星州，莫斯顿，莫斯顿高中，西班牙语教师与全球学者协调员

乔治 · E. 古德费洛
（George E. Goodfellow）
罗得岛州，北锡楚埃特，锡楚埃特高中，2008 年罗得岛州年度优秀教师

杰茜卡 · 帕克
（Jessica Pack）
加利福尼亚州，大教堂城，詹姆斯 · 沃克曼中学，2014 年加利福尼亚州年度优秀教师

多萝西·戈夫·古利特

（Dorothy Goff Goulet）

德国，拉姆施泰因空军基地，拉姆施泰因高中，2009 年美国国防部年度优秀教师

苔莉·L. 庞德

（Terrie L. Ponder）

佐治亚州，罗马，罗马城市学校

玛丽·卢·哈钦斯

（Mary Lu Hutchins）

西弗吉尼亚州，惠灵，俄亥俄县公立学校

亚伦·西泽

（Aaron Sitze）

伊利诺伊州，俄勒冈，俄勒冈高中，国家委员会认证英语教师

献　词

献给蒂莫西·谢尔（Timothy Schell），一位关注每个孩子发展的伟大父亲，以及我最好的朋友戴恩·沃克曼（Dion Workman）。

——特蕾西·L. 奥卡西奥

作者简介

特蕾西·L. 奥卡西奥（TRACY L. OCASIO），教育博士，在为国际学习科学组织工作之前，曾是一名成功的课程与教学论专业的负责人和助理监管。她拥有超过 25 年的教龄，其间曾任英语（第二语言）教师、阅读专家、英语教师、教学帮扶教师、小学教师及幼儿园教师。奥卡西奥女士在工作中结合她从幼儿期一直到高中的经验，并将之融入她为学习科学马扎诺中心写作的博文中。目前，她担任大学生和研究生教师，同时还是危机干预/紧急服务小组的负责人。她拥有公共行政与教育专业的硕士学位，以及阅读和语言发展、教育领导力的双博士学位。

罗伯特·J. 马扎诺（ROBERT J. MARZANO），博士，马扎诺研究实验室首席执行官，学习科学马扎诺中心教师和领导评估执行主任。作为教育研究的先驱者，他是一名演说家、培训师和作家，发表论文 150 多篇，涉及教学、评估、写作及实施标准、认知、有效领导和学校干预等。撰写著作 30 多部，包括《教学的艺术与科学》（ASCD，2007）和《差异化教师评估》（ASCD，2013）。

里娅· A. 施密特（RIA A. SCHMIDT），博士，做过教师和行政管理人员，设计和实施了基于多种主题的专业发展项目，指导地区完成从传统教育到基于标准教育的转型，并且协调教学中评价和数据的使用。

蒂娜·森（DEANA SENN），环境卫生工程学硕士，是学习科学马扎诺中心的首席内容开发师和资深职业培训师。她在美国、加拿大两国的农村和城镇均开展过实践工作。森女士本科毕业于得克萨斯州农工大学，硕士毕业于蒙大拿州立大学。

目 录

引 言

《言之有理：提出与辩护主张的方法》旨在提升教师帮助学生提出并辩护主张的能力。学生可以从以下两个途径提出自己的主张：（1）课堂讨论过程中自己做出推理，并且通过书面形式予以证明。（2）书面材料中信息自身的逻辑、过程及程序。“言之有理”包括以上两个认知过程。

本书可以为教师提供基于实证研究的教学策略（如马扎诺教学框架中所涉及的），来改善教学实践。本书还可以帮助教师在课堂上实施精准的教学策略，使学生达到各类标准的要求，如《共同核心国家标准》（*Common Core State Standards*）、《新一代科学教育标准》（*Next Generation Science Standards*）、《社会研究国家标准 C3 框架》（*C3 Framework for Social Studies State Standards*）、基于或受《大学与职业准备锚定标准》

（*College and Career Readiness Anchor Standards*）影响的各州立标准。

本书可以帮助所有年级和学科的教师提高运用“言之有理”这一教学策略的能力。聚焦言之有理这一技能，你将能专注于该教学策略的细微之处并细致地做出改进，并进一步在具体教学实践中有意识地规划、实施、监控、调适、反思这一策略。正像马扎诺和托特（Marzano & Toth，2013）所说，一个想成为专家的人会有其独特的策略：

◇把教师专业发展所需的特定技能加以具体分解。

◇专注于在实践或日常活动中改进特定的关键技能模块（而非简单的任务）。

◇获得即时、具体和可操作的反馈，特别是从更有经验的教练那里得到评价。

◇在更具挑战性的水平上，不断练习每个关键技能直到掌握。对已经掌握的技能则尽量减少时间投入。

“精准教学系列”就是基于上述方法，专注于分解教师专业成长所需特定技能，提供日常的实用建议，以帮助教师更得心应手地运用这些技能。

基于马扎诺教学模式

“精准教学系列”基于“马扎诺教学框架”（Marzano Instructional Framework），即以研究为基础，为教育工作者提供将教学实践与学生学业成就联系起来所需的工具。本系列使用了马扎诺教学模式（Marzano Model of Instruction）的关键术语，见关键术语表。

关键术语表

术语	定义
《共同核心国家标准》（CCSS）	《共同核心国家标准》是由共同核心国家标准计划（CCSSI）开发的标准文件的正式名称，其目的是为美国学生的大学深造和职业生涯做好准备
《大学与职业准备锚定标准》（CCR）	《大学与职业准备锚定标准》是一个较为宽泛的说明，包含针对各年级和特定内容领域的具体标准
预期结果（Desired result）	由于实施一项具体策略而对学生提出的预期结果
监控（Monitoring）	在实施具体策略时，检查学生是否达成预期结果的行为
教学策略（Instructional strategy）	已经证实的、在课堂教学中较可能提高学业成就的一类方法
教学方法（Instructional technique）	用于使学生掌握和深入理解知识和技能的方法
内容（Content）	学生达到标准要求所需的知识和技能
支架（Scaffolding）	有针对性地提供支持，从而使认知复杂性和学生自主性达到精准目标
拓展（Extending）	将已经表现出预期结果的学生提升到更高理解水平的活动

数十年来，教育趋势犹如钟摆一般一直摇摆不定。教育工作者在规范的清单式教案和循序渐进的课程计划之间徘徊，目的都是帮助教师实现教学自主，然而他们在教学科学以及教师的责任方面考虑得非常少。在这些精确解释有效教学的方法中，往往缺少两种做法：（1）预期结果的具体陈述；（2）基于研究的坚实连接。马扎诺教学框架提供了一个全面的系统，详细说明了什么才是教师使用基于研究的教学策略所需要的。从这个坚实的教学基础出发，教师可以将教学的科学与自己独特而又有效的教学风格相结合，这就是教学的艺术。

《言之有理：提出与辩护主张的方法》将帮助你成长为高水平的创新型教师，使你能够实施这一策略，并开展支架教学和拓展教学以满足学生的一系列需求。

精准教学系列

“精准教学系列”详细介绍了基本的课堂策略，以支持教学中复杂的转变，这对于所有学生所需的精准教学环境来说是必不可少的。本系列介绍的教学策略对有效地教授《共同核心国家标准》《新一代科学教育标准》或学校所在区、州指定的标准至关重要。这些严格标准需要更深入的理解，运用更有效的策略加以更广泛的实施，从而使学生能够展现出标准所要求的知识和技能。本系列包括适用于所有年级和学科领域的教学方法，还包含针对具体年级的实例，可作为教师在课堂中应用的样例和落脚点。

无论教授哪个年级和学科，熟练运用这些策略对学生掌握《共同核心国家标准》或其他标准来说都至关重要。“精准教学系列”中涵盖的其他教学策略，例如如何做到言之有理和引导学生参与综合认知任务，体现了如何满足严格标准所需的认知复杂性。作为一个系列，这些策略乍看起来似乎有些令人生畏。因此，本系列将在每本书中仅关注一个具体策略。

言之有理

对于 21 世纪的教育者来说，如何教学生验证和自我调节自身的思考过程（推理），以及如何教学生对课堂讨论、教学媒体和课文当中的内容逻辑进行批判性评价是当前最具挑战的教学任务之一。以上言之有理的两个层面皆涉及复杂的认知技能，有时你自己都会觉得很难做到，要想教授给学生，毫无疑问，更是难上加难——大多数人都会有这样的感受。一项针对多种内容策略使用频率的研究显示，只有不到 2% 的课堂教学中，学生才有机会或者通过教师关于如何推理的直导教学，或者通过在分析课文和课堂讨论时运用推理，学习如何更符合逻辑地、批判性地思考新内容（Marzano & Toth, 2014）。

这些研究发现并不令人惊讶。教师应该教学生对推理或授课内容、过程及步骤中所包含的逻辑关系进行验证，从而帮助他们提出并辩护自己的主张，但对教师而言会遇到很多困难，其中包括：

◇教师和学生需要掌握大量的学术词汇和概念。

◇在内容不易于理解时，教师需进行相关的课程设计，向学生展示认知活动的参与过程。

◇教学必须依据严格的内容标准。

◇课程和教科书可能无益于批判性思维技能的教学。

◇教师需要时间进行大量的准备和练习，但是现实未必支持相关的时间分配。

◇需要大量的课堂教学时间，但是现实未必允许。

下面列出了一些有效实施的方法，供各位参考：

◇熟悉与内容相关的学术词汇。在日常教学中坚持使用学生友好型的定义，再向学生介绍并详细教授相关术语。

◇寻找机会验证和评价自己的推理方法，为在学生面前进行出声思考做准备。

◇当你在评价新闻广播、脱口秀或者各类在线文章中的信息逻辑时，需同时进行反思。

◇利用新闻报纸上的时事案例或者短篇评论文章来预演自己的出声思考过程。将自己的思考带到课堂，并通过出声思考与学生分享。

◇为学生提供多种机会来实践该策略，同时应降低内容难度，以提升学生的学习体验。你最终的目的是按照课程计划有效实施该策略，这样学生能够有意识地对课堂讨论、内容阅读及报告和论文写作中出现的推理进行验证。

推理验证的有效实施

可以采用多种方式，有效帮助学生通过验证自己的推理或思考教师所呈现的信息、过程及步骤的内在逻辑，提出并证明自己的主张。本书第一部分和第二部分分别提到有效实施推理验证的一个方面。

第一部分将教会你如何进行课程设计和教学活动安排，以帮助学生验证自身的逻辑错误或者找出所示信息的逻辑局限。

第二部分将教会你如何设计学习机会，以帮助学生用论据支撑主张或论断并评估他人的主张和论据。上述主张可以是由学生提出的，也可以是在课本、参考资料、课堂讨论或者其他媒体中出现的。

为了凸显其多样性和复杂性，以下列出了一些与言之有理的有效实施相关的教师举措或行为，可以用于教学生如何找出、表述逻辑推理、论证结构中的错误，并在分析的基础上阐述新主张。

◇找出关键内容供学生验证。

◇通过直导教学、示范和促进等方式，教学生验证和分析错误信息——内容或自身推理过程中出现的非形式谬误。

◇通过大量训练帮助学生明确常见逻辑错误。

◇通过直导教学、示范和促进等方式，教学生在陈述和支撑主张的过程中使用理由、支持和限定（特例或反例——译者注）。

◇通过大量训练帮助学生在陈述和支撑主张的过程中使用理由、支持和限定。

◇通过直导教学、示范和促进等方式，教学生对内容或自身推理过程中的主张支撑进行验证和分析。

◇通过直导教学、示范和促进等方式，教学生进行错误分析，以确保学生能掌握多种有效的操作方法。

◇通过大量训练帮助学生用论据支撑主张及论断。

有三个词在上面反复出现，即直导教学、示范和促进。言之有理的学习和教学需要使用大量的单词——你必须事先完全掌握这些术语，这样在和学生交流推理时才能有共同的语言基础。作为教师，你可能需要使一些单词的定义更加具体，因为有些单词虽然常见，但是当这些单词用在此策略中时，你会发现它们仍然很难理解。除此之外，你还须确定这门新语言的讲授内容和方法。因此学生需要更加直接的教学。

除直导教学外，还有对推理概念和过程的示范。当你在学生面前通过出声思考展示决策的过程时，包括分析自身的推理是否全面、可能会犯的错误，便是对认知过程的示范。经过系统的直导教学和示范教学之后，学生可以逐渐过渡到另一个教学阶段：促进。促进意味着学生将一同参与思考并在教师的帮助下形成自己的观点，而不是教师一味地通过过度解释控制学生的思想，并直接告诉学生做什么及怎么做。

最后，你需要为学生推理提供大量且与年级或学科的标准及内容文本相关联的练习机会。无论教授何年级或学科，你都要将逻辑推理的责任逐渐下放给学生，确保学生将来能够在没有提示的情况下独立地完成逻辑推理。

常见错误

在言之有理策略的实施过程中，免不了会犯一些错误。然而，如果能提前认识这些常见的错误，便能从一开始就事半功倍。以下是一些常见错误的示例：

◇教师没有找到或者使用与内容和标准相关的教学资源，比如教科书、普及图书、其他印刷资源或者媒体。

◇教师不知道如何或者没有在该策略的实施过程中配套使用其他相关的重要教学策略。

◇教师没有针对推理过程提供必要的教学指导。

◇教师没有向学生提供示范或者没有在学生面前进行出声思考——讲述多于演示。

◇教师没有为学生学习和练习复杂概念提供充足的机会——为了赶进度而匆匆带过。

◇教师没有在课堂讨论中为学生的推理预留一定的“思考时间”。

未能找到或使用合适的教学材料

你可能没有认识到言之有理的最高目标：更加深刻地理解并牢记内容知识和程序。本书中所有教学方法都要求教学内容严谨精确，并非简单地在课堂上做一些练习打发时间。为此，教师需努力将教学方法与最相关、最紧密的内容和标准匹配起来。

未能与其他相关教学策略配套使用

你可能忽视了必备教学策略之间相互依赖、相辅相成的属性。不妨思考一下一些教学策略在帮助学生实现有效学习中所起到的作用。你首先需要明确关键内容，然后对其进行有机切割并和学生一起预习，引导学生对学习内容进行加工。你的目标是熟练地进行策略组合，以全面达成预期结果。如果未进行策略组合，你可能会认为学生无法进行推理，而问题可能在于你没有正确使用教学策略。

未能提供必要的教学指导

与上述情况相比，这类错误的产生恰恰是因为你判定学生有复杂的认知处理能力，例如推理，而没有提供相关课程来指导学生具体的操作方法。

未能将讲述与演示相结合

你进行了周到的课程设计，但是内容中并没有包含教师的示范，即没有在学生面前进行出声思考，没有通过演示向学生说明你的推理验证过程包含哪些步骤。

未能提供大量的练习机会

你可能不会每天都记得在课堂上安排推理的练习环节。出现这个错误的主要原因是，你在完成一次内容、过程或程序的教学之后便期望学生能够当场掌握，而且能将记忆维持到下一节课，并从此能够独立地完成任务。但事实却是，学生需要借助大量练习，从你的演示中、从同伴的推理过程中及频繁的自我推理验证中完善学习。

未能为学生处理知识和加深理解提供充足的时间

言之有理的技能学习不是一蹴而就的，学生需要静下心来对各自的所说、所听进行思考，而这对于初学者来讲尤为困难。教师需要预留时间供学生反思，在此期间学生可以进行信息加工并加深对答案或主张的理解。否则，你就剥夺了学生一次评估主张正确性以及实现知识内化、建立知识间联系的机会。学生丧失了一次宝贵的学习经历，这种经历不仅对当前的学习有益，而且还有助于帮助他们建立起不断增长的学科知识体系。能对答案进行验证的学生对内容的理解也比较深刻。另外，为找出错误答案的产生原因而进行的推理分析练习对学生也大有裨益。如果学生有了充足的指导和等待时间来确定答案的错误原因，他们便能够对已有认知进行反思，通过推理达到正确理解并找出错误所在。

监控预期结果

有效运用不只是应用策略，还应包括检查特定策略预期结果的证据。换句话说，要想实现有效运用必须对该策略的预期结果进行实时监控。监控在精准教学框架中被定义为在实施具体策略时，检查学生是否达成预期结果的行为。教师根据观察结果来判断学生是否学会或者掌握了教学内容。在马扎诺教学框架的情境中，对应的问题则更加具体：该策略的预期结果是否达成？再精心设计的课堂也有可能徒劳无功，除非教师在一开始便严格聚焦标准和教学内容，将特定教学方法的使用与教学设计相结合，并且针对预期结果展开严密监控。

学生学习成果始终是教学策略的预期结果的重点。言之有理策略的学生学习成果可以描述为：学生能够对自身的推理或者所给信息的逻辑进行验证，并且在分析过程中加深对内容的理解。

监控预期结果有多种方式，而且可能与本书中该策略的使用部分有些许重叠。下面列举了部分证据表现，可以用于判定学生是否已经具备了推理验证的能力：

1. 学生能够描述信息中的错误或者非形式谬误。
2. 学生能够对过程效率进行评价。
3. 学生能够解释用于支撑论点的整体论据结构。
4. 学生作品表明其已经具备了发现推理错误的能力。
5. 学生作品表明其已经能够从多角度发现和分析问题。
6. 学生能够使用合适的证据来支撑观点。
7. 学生能够找出不同观点背后对应的支撑细节。
8. 学生能够根据所给信息找出他人观点的支撑论据。

开展支架教学和拓展教学满足学生的需要

在对特定教学方法的预期结果实施监控的过程中，你可能会发现，有些学生已经达到该策略的预期结果，但是有些学生仍无法进行推理验证。基于此，教师需要针对学生实际调整教学。无论是为学生提供支架教学还是拓展教学，都必须提前在课程设计中有所体现。

这里列举了三种支架教学的方法：

1. 控制教学内容的难易程度。例如，在内容相同的情况下，选择难度较低的阅读材料。

2. 对内容进行有机切割，使其更加易于管理。

3. 在任务中为学生提供组织者或者思考单，帮助其一步步地阐述思考过程并对其过程提供指导。（Dickson, Collins, Simmons, & Kame'enui, 1998）

本书所讲的教学方法均附有基于学生需求提供支架教学和拓展教学的简例。支架教学即帮助学生完成复杂的认知活动同时自主地实现严谨。拓展教学则是在学生达到预期结果的前提下鼓励其往更高的理解水平发展。

教师反思

当你在教授学生验证自身和他人的推理逻辑过程中变得越来越熟练时，对有效和无效的课堂行为进行反思将有助于提升该策略的使用效用。反思时可以参考以下问题。这些问题从如何开始实施方法起，接着便逐渐深入且愈加复杂，直到帮助学生言之有理。

1. 如何将该策略与教学结合起来？

2. 如何动员学生参与有意义的课堂活动，以对自身推理或所给信息的逻辑展开验证？

3. 在学生对自身推理或所给信息的逻辑展开验证时，你如何对学生的知识掌握情况进行监控？

4. 如何基于学生的特殊需求和实际，调整并创造新的教学方法以帮助学生验证自身推理？

5. 在调整和创造新的教学方法的过程中，你对学生的推理能力有了哪些认识？

帮助学生言之有理的教学方法

有多种途径可以帮助学生对自身的推理过程或所给信息的逻辑进行验证。这些方式和途径统称为教学方法。本书一共提供了六种教学方法，分两部分论述。第一部分的三种教学方法，主要教授学生验证和评估自身的推理过程；第二部分则主要教授学生如何提出并支撑主张。

第一部分：言之有理的逻辑

教学方法 1：用逻辑验证答案

教学方法 2：验证答案正误

教学方法 3：验证问题解决方法的有效性

第二部分：用论据支撑主张和论断

教学方法 4：根据内容提出并支撑主张

教学方法 5：确定并分析作者的主张

教学方法 6：评价作者的推理过程和论据

上述教学方法在内容编排上采取了相同的结构，均包含：

◇教学方法简介。

◇教学方法有效实施的途径。

◇方法实施过程中需要规避的常见误区。

◇中小学课堂上的正例和反例。

◇预期结果的监控方法。

◇开展支架教学和拓展教学满足学生需要的方法。

第一部分
言之有理的逻辑

教师都希望自己的学生懂逻辑、思维敏捷，能够适时反思，并有强烈的追求真知的欲望。但当你第一次走上讲台时便会发现，这只是一场空想：学生并非总能做出清晰的推理。尽管如此，经过系统学习之后，学生是可以掌握一定的推理技能的。本部分的三种教学方法或将从此成为你的教学利器，希望你在具体调整和改良的过程中，能够施展自身所长并发挥创造性。

教学方法 1　用逻辑验证答案

逻辑是指思维的逐步发展过程，其中包含陈述或结论，也有相应的论据支撑。在利用逻辑验证答案时，教师和学生需要不断进行如下问答：这个回答正确吗？我的结论符合逻辑吗？我需要提供何种论据来支撑该论点？

用逻辑验证论断或答案是一个非常常见的认知过程。在教工餐厅用餐时，和同事的简短交谈便可能会暴露对方至少一至两个有逻辑错误的论断——错误出现在他的推理过程中。当场指出同事不合逻辑的想法并与之辩论并不是午休的正确打开方式；但是如果你想要有效地在课堂中使用该教学方法，便要抓住机会创设条件让学生加入类似的讨论中。

如何有效地用逻辑验证答案

可以借助一些简单的方法引导学生使用逻辑验证答案。这里的答案可能来自学生自己，也可能来自其他同伴。经过练习之后，他们甚至能对你教学过程中的阐述和反馈进行逻辑验证。

直接教授逻辑基础词汇

不要因为复杂的逻辑词汇而退缩。同义词，例如**判断**（judgment）和**推理**（reasoning），在与术语**逻辑**（logic）连用时，经常是可以互换的。当我们在儿时做出些违背祖母的逻辑的事情时，常听到她的训斥：“你们这些孩子能不能稍微有些常识？”然而，最简单的方法便与此如出一辙。

结合教学标准、学生的年级水平及具体的学科术语，确定逻辑教学框架：有意义的答案、符合逻辑的结论及支撑答案和结论的论据。制作一张学生友好型的定义表格，为教师和学生探索逻辑思维和逻辑课堂的内涵奠定共同的语言基础。

下面是《大学与职业准备锚定标准》在阅读和写作方面的部分规定。当中的语言表述符合逻辑，且经过适度调整几乎可以用于任意年级。

◇对文章的论点和具体观点进行说明和评价，包括推理过程的有效性及论据的相关性和充分性。（CCR Anchor Standards, Reading, Standard#8）

◇使用有效的推理和相关且充分的论据来撰写论点，以支撑实质性话题或文本分析中的论点。（CCR Anchor Standards, Writing, Standard#1）

◇从文学或信息文本中提取论据用以支撑分析、反思和研究。（CCR Anchor Standards, Writing, Standard#9）

如果你之前并未感受到研究逻辑相关词汇和关键内容的压力，以上标准应该提供了学习动力。

如果你教数学，同样需要参考数学练习标准。尤其是：

◇进行抽象和定量推理。

◇建立切实可行的论点并对他人的推理过程进行评论。

◇发现并利用结构。（CCSS, Mathematical Practice, Standards#2, 3, 7）

上述标准要求丰富的逻辑和推理运算，适用于 K−12 年级。

直接教授和示范四种逻辑错误类型

当你能够自信地运用逻辑语言并且轻松地与学生讨论推理过程时，就可以开始四种逻辑错误类型的直导教学和示范教学了：（1）谬论型错误（errors of faulty logic）；（2）攻击型错误（errors of attack）；（3）弱引用型错误（errors of weak reference）；（4）信息型错误（errors of misinformation）。当你和你的学生了解了非逻辑思维的所有可能的实现方式时，课堂将不再是原来的模样。

表 1.1 提供了八类谬论型错误的定义和示例。此做法仅仅是为了让你熟悉各类谬论型错误的内容，提醒你注意它们在论点和论断中的典型表现，并且帮助你在直导教学中对特定错误进行追踪。你需要根据对学生学习的评估、特定标准的要求及待学生处理的教学材料确定最终教学内容。尽量不要将此表制作成讲义、布置成家庭作业或者对所有错误类型进行测试。

表 1.1 谬论型错误

错误类型	问题描述	示例
自相矛盾（contradiction）	提供矛盾信息	我是一个素食主义者，但如果聚会上有肉的话，我一般是会吃的
轶事证据（accident）	将论断建立在某个特例上	吸烟与癌症没有任何关联。我的祖母每天一包烟，她现在已经 90 岁了
错误归因（false cause）	将一组事件的因果顺序混淆，或者过于简化了事件背后的逻辑关系	一名篮球运动员上场总是会穿同一双袜子，因为他相信这双袜子会给他带来很高的罚球命中率
循环论证（begging the question）	提出了猜想，但论据的真实性需依靠论题来证实	人人都知道吸烟会导致癌症。香烟的烟雾是一种致癌物质
转移论题（evading the issue）	因不想解决问题而转移了话题	妈妈问萨莉（Sally）的代数考得怎么样。萨莉立刻将话题转移到代数课上坐在她后面的帅气男孩身上
诉诸无知（arguing from ignorance）	仅仅因为其对立面尚未成立，便草草地判定某猜想的合理性	某人称，外星人并不存在，因为目前无法证实其存在
合成谬误（composition）	将当中部分个体所具有的正确属性推广至整个群体	某人坚称，因为有一个警官滥用过武力，所以所有警官都会滥用武力
分解的谬误（division）	群体所具有的一些大致属性并不总能适用于任意个体	某人坚称，因为所有的新闻记者都是开明的，所以某个特定的新闻记者一定是开明的

改编自 Marzano（2007）。

表 1.2 提供了第二类错误的具体定义和示例。攻击型错误在日常生活中随处可见——教工会议、报刊、信息栏、学生论文或者课堂讨论等。再次强调，此表仅仅是为了让你熟悉各类攻击型错误的内容，提醒你注意它们在论点和论断中的典型表现。必要时你可以考虑给学生制作一份讲义，但是要尽量精简。

表 1.2　攻击型错误

错误类型	问题描述	示例
强词夺理（poisoning the well）	只看到对自己观点有利的证据，而忽视那些反面证据	我不关心关于儿童接种疫苗重要性的调查结果。我只知道接种疫苗是危险行为
人身攻击（arguing against the person）	使用贬损性的语言（无论是真实还是虚假）攻击对方以达到反驳的目的	她能说出全球变暖这样的字眼，我表示很难相信。你们还记得她大学都未毕业吗?
诉诸权力（appealing to force）	通过威胁等手段来维护猜想的正确性	我能炒你鱿鱼。董事会主席是我的好朋友

改编自 Marzano（2007）。

表 1.3 提供了弱引用型错误的定义和具体示例。学生要想使用网络资源作为课堂讨论和书面作业的论点支撑，事先理解各种弱引用型错误便显得尤为重要。

表 1.3　弱引用型错误

错误类型	问题描述	示例
来源片面（sources that reflect bias）	只引用对自己观点有利的信息，或者拒绝任何与自己观点相悖的信息	我只看《国家询问报》，因为这家报纸的记者总能直入主题，报道当今世界的新闻
缺乏信度（sources that lack credibility）	就特定主题而言，资料来源不权威	我相信这名保健食品的推销员。她是降血压方面的专家
诉诸权威（appealing to authority）	调用权威解决争议	我知道你并不认同学校的这项决策，但是教育董事会通过了
诉诸公众（appealing to people）	借助作者、文本或者发言人来彰显决策的受欢迎程度，并以此作为论点支撑	我对本次的课程决议非常有信心。它风靡许多最发达、最大的地区
诉诸情感（appealing to emotion）	用悲伤的故事作为观点佐证	我听说一位母亲的女儿去世了，因为新的卫生政策拒保能让她活命的处方

改编自 Marzano（2007）和 Marzano, Boogren, Kanold-Mclntyre, & Pickering（2012）。

表 1.4 提供了两类常见的信息型错误的定义和示例。这类错误常见于电视和网络报道中。尤其是网络记者，他们对发布的内容很少查证。更有部分市民从新闻当事人变成了传播者，歪曲了真相。在引导学生为论点寻找信息支撑之前，首先得直接教授这类逻辑错误。你可以毫不费力地在学校和社区找到真实的错误样例。

表 1.4 信息型错误

错误类型	问题描述	示例
混淆事实（confusing the facts）	使用的信息看上去是真实的，但是其实已经被改编得失去了准确性	要根据关键信息讲一个新的故事，但是描述中的关键信息已经丢失
误用概念或错误概括（misapplying a concept or generalization）	在支撑观点过程中使用了错误的概念或对概念进行了错误的概括	民事案件中败诉方应该坐牢

改编自 Marzano（2007）。

常见错误

教授学生将逻辑应用于他们的学术推理和写作是一项具有挑战性的任务。学生答案中的逻辑错误包罗万象，你甚至不知道该如何开展教学。以下列出了一些常见的教师操作误区：

◇教师在教学过程中使用的复杂样例不利于学生理解。

◇教师没有为学生提供充足的思考时间。

◇教师一直在为学生示范如何识别和分析错误，却未能在学生能够和应该独立思考的时候将责任下放。

◇教师不断地让学生对错误进行解释或描述，却未能在第一时间界定错误类型。

◇教师让学生识别错误，而不要求学生对其提供解释。

验证答案逻辑的课堂正例与反例

以下提供了两则正面案例（一则小学案例和一则中学案例）及相对应的反面案例，展示了学生使用逻辑验证答案的学习过程。在阅读的过程中，请回顾自身的课堂经历。参照之前列举的常见错误，留意正面案例中教师是如何规避的，而反面案例中教师是如何失误的。

验证答案逻辑的小学正例

该案例中的教师正在教授三年级的学生如何用逻辑来展示他们自己对一篇朗读课文《小红母鸡做比萨》（*The Little Red Hen Makes a Pizza*, Sturges, 2002）的理解。之前她曾使用同样的课文在学生面前示范逻辑推理，且截至目前学生仍在每日的独立阅读中练习该技能。如今，她特别要求学生在回答问题或者根据阅读提示完成思考单的过程中自主地验证自身推理。

> 同学们，我很认真地聆听了你们对问题的回答，包括我提出的问题和在阅读或小组学习时思考单上列出的问题。有时候你们的答案根本说不通，是错误的。我可以直接告诉你们："答案是错误的。"然后再让你们去请教身边的同学，直到找到正确答案为止。但如果真的那样做的话，我就称不上一名好教师。我想要教你们运用超强的思维能力对答案进行反思，最终自己找到答案中的错误。下面，我们将开展一项游戏，过程中请大家问自己："我认为我的答案明智吗？"
>
> 如果你认为"明智"，我想要知道理由，你必须提供相应的解释。同样，如果你说"不明智"，你必须提供答案"不明智"的理由。

教师为学生简单复述了一遍故事，突出了小红母鸡决心做一个比萨的欲望。在整个故事情节中，小红母鸡为了购买制作比萨所需的原料，一共去了三次杂货店，而且每次都在购物车中放入了许多与制作比萨无关的物品。

教师问学生："你认为小红母鸡的做法明智吗？明智还是不明智？"教

师在学生中寻找目标："有人愿意和我一起向其他同学展示自己对这件事情的看法吗？"

乔斯（Jose）举起了手并很快回答道："不明智，我认为这种做法一点也不明智。"教师让班上同意乔斯说法的学生举手。班上的学生形成了不同的阵营，且都不清楚教师该做法的目的。教师让乔斯提供解释。"你需要给我一个常识性的理由。"

乔斯想了一会儿便说自己不知道。教师却认为在他说出"不明智"的时候一定有过思考。乔斯说："我认为她的做法不明智，是因为她没有在去杂货店之前，拟定好制作比萨所需的原料清单。"

这时又有其他同学举手发言："我认为她的做法不明智，是因为她在到达商店之后东逛西逛，买了一大堆与制作比萨无关的东西。"

"我认为，整个故事情节都毫无章法可言。"埃米利（Emily）主动说道。教师终止了讨论，并提醒学生，他们需要从现在开始，在回答问题或者书写答案之前，首先花时间考虑自己的答案是否明智，再对答案提供解释。

验证答案逻辑的小学反例

让我们再来看一则反例，两则案例中的年级水平、教学材料均相同。反例中的教师使用的也是同样的故事。然而，在问题提出之后——学生没有投入学习——即使已经和学生共同完成了文本处理并成功进行了推理，教师仍将所有的答案和解释都写在投影仪上。该反例中的教师未能帮助学生达成思考的目的。

验证答案逻辑的中学正例

该案例发生在一节社会课上。学生需要掌握理查德·尼克松（Richard Nixon）总统在任职期间某一方面的具体作为。为了引导学生使用逻辑完成任务，教师确定了如下学习目标：对文章的论点和具体观点进行说明和评价，包括推理过程的有效性及论据的相关性和充分性；找出错误的阐述和不合理的推理。(CCSS ELA & Literacy, Reading-Informational Text, Grades 9-10, Standard#8) 他始终以该标准作为课程设计的基础，并结合本节课使用教学方法 1，帮助学生在小组中阅读和讨论尼克松总统任职期间某一方面的具体作为时，对自身及同伴的推理进行评价。

> 同学们，我们最近一直在学习发生在推理过程中的各种错误。今天，你们将用所学的知识来检测自身或同伴的思维和推理过程中有无相关问题。

之前教师已经对学生进行了分组，每组负责主题中部分内容的评价，小组之间再相互教授关键知识。而在今天的课堂上，教师没有使用这种拼图似的合作学习方式。他想要学生关注结论的推理过程，于是要求他们对尼克松总统任职期间的外交关系进行评价。每组学生不仅回顾了之前在教科书上学过的内容，而且还查阅了许多一次文献和二次文献。最终，每个小组需根据自己的调查结果得出结论，并安排一名代表在班内展示结论的内容和依据。

当某个小组在对尼克松的外交成就进行讨论并提供依据时，教师鼓励其他学生找出当中的逻辑错误、矛盾信息或者陈述方没有想到的可能的偏差来源。课程进行到这里，教师不会再为学生提供解释或分析。学生自主开展讨论，且绝大部分学生均能全身心投入其中。

验证答案逻辑的中学反例

在该反例中，教师以同样的方式开始教学，学生在阅读和问答中均表现良好。但是教师未能引导学生在总结尼克松总统任职的过程中对小组或他人的推理进行评价，因而未能达到标准要求。

判断学生是否能运用逻辑验证推理

为了评估学生是否已经具备使用逻辑对自身推理进行验证的能力，必须预留时间对其过程实施监控。而衡量学生在具体思考过程中的推理阐述水平，需要教师针对各年级层次或学科内容设计整套任务。对此，可以参考如下方法对学生验证推理的能力实施监控：

◇给学生两张答案卡——“是”和“否”，在其举牌过程中，教师快速地发现错误答案，并进一步探究其思考过程。

◇就特定的任务或问题，学生将自己的思考过程以日记或学习记录的方式记录下来。

◇齐声答。教师在过程中需留意哪些学生回答错误，并在接下来的教学中给予这些学生更多的练习机会。前提是，教师必须确保所有的学生都参与回答，且能够识别每个人的声音。

可以使用表 1.5 的学生运用逻辑验证推理的水平量规。

表 1.5　学生运用逻辑验证推理的水平量规

新手入门	基本掌握	预期达标
学生认识了一些推理错误，但是无法用其甄别自身思考和写作中的错误或者同学作业中的错误	学生认识了许多推理错误，能甄别出自身思考和写作中的部分错误，并对同学作业中的推理进行评价	学生掌握了各类推理错误，并能成功甄别自身思考和写作中的错误。能够就最常见的推理错误提供简单示例。能够将相关技能运用到对同伴的推理和写作评价中

开展支架教学和拓展教学满足学生的需要

当你对逻辑错误的教学驾轻就熟时，便会很自然地发现，你所提供的方法满足不了一些学生的实际需求。一些学生需要支撑或者支架，以帮助他们达成预期目标。而另外一些学生需要挑战难度更高的任务，因此你必须对他们的逻辑使用方法进行拓展。

支架教学

当学生无法理解某些逻辑错误或者无法解释自身的逻辑错误时，可以借用更多的具体事例来进一步阐述。政治漫画、广告、社论等都是帮助学生训练逻辑思维的绝佳素材。然而，实践诠释或样例才更加适用于抽象思维困难的学生。其中使用的样例要与生活密切相关，最好是记叙文体。这样便于稍后与相关内容联系起来。

除了实践诠释和样例，还有图形组织者。学习困难的学生可以用它来追踪记叙文或者论点中的逻辑进展。非言语表征能够促进学生学习，而图形组织者作为非言语表征的一种，可以帮助学生找出关键的支撑信息及信息之间的相互关系，从而厘清作者用于逻辑分享的主要观点。不仅如此，图形组织者还可以帮助学生从长篇大论中找到并阐述关键信息，以免在紧凑的讨论中因精力分散而无法得出结论。

拓展教学

可参考以下方法鼓励较为优秀的学生进一步开发高阶思维技能：

◇让学生为每个推理错误提供与其相匹配的示例，并设计成配对游戏，供无法准确识别错误类型的学生使用。

◇设计一幕剧，让参与者故意在推理过程中犯错，而其他学生需尝试找出这些错误。

教学方法 2　验证答案正误

教学方法 1 旨在帮助学生识别各类推理错误，并将其用于自我推理的过程检测中。教学方法 2 则在此基础上提出了更高的要求：教师将带领学生认识更多的逻辑错误，引导学生找出错误答案，循序渐进地帮助学生修改错误答案或者为答案的正确性提供依据。

如何有效地验证答案的正误

你可能遇到过这样的学生，他们反反复复出错，好像总找不到错误的原因。究其根本，他们得出的结论过于草率。他们似乎在恍恍惚惚中错失了一切重要的信息。对此，我们需要用到教学方法 2。在进行教学设计时，可以做如下参考：

告诫学生：勿草率结论

在教学内容难度过高、相关背景知识缺乏或者英语能力低下的情况下，所有学生都可能会犯逻辑错误。然而，一些学生却仅仅是因为懒于思考而导致停滞不前。相较于其他学生的积极参与和遵循逻辑，懒于思考的学生则在讨论中过多地阐述个人经历，也经常草率结论。

我们设计了一组问题供学生因草率结论而得出错误答案时参照使用，它们可帮助学生确定自己犯了教学方法 1 中所描述的八类错误中的哪一类错误。通过定义错误类型，学生能较为轻松地评价自身的推理过程并找出相应的错误。除了以下列出的十个错误原因，你还可以将自己发现的一些导致错误的原因添加上去。一旦找出学生推理中的所有错误原因，请将这些检查项复印出来分发给学生，让他们据此对自身的结论进行评价。特别强调的是，为了更易于学生理解和接受，这些常见的逻辑错误已经经过了适度改编。请根据学生需求对具体术语提供解释。

学生推理错误的十大原因

1. 我做出了错误的猜想。

2. 因为信息缺乏，我未能得出适当的结论。

3. 因为信息错误，我未能得出适当的结论。

4. 我的个人偏见影响了结论的正确性。

5. 因为一直回避问题和脱离主题，我未能得出正确的结论。

6. 我认为如果某事发生了一到两次，便一定任何时候都会发生。

7. 我认为如果两件事情同时发生，则其中一件事情必为另一件的起因。

8. 我认为我不可能犯错。

9. 我经常贬损他人。

10. 相比逻辑和理智，我更加依赖情绪和武力。

为学生提供真实案例

教师要从日常生活中、报刊上、电视节目或者网络资源里尽可能多地收集推理错误的案例，并用它们提醒学生留意身边充斥着的不严谨推理。还可以组织为期一个月的竞赛，学生需找出生活中的推理错误案例以获得分数或奖品。而提交上来的证据必须以影片、新闻报道的复印件或者能跳转到具体案例的网络链接的形式呈现。

要求学生阐述其合理性

多给学生提供机会，让他们给出作答依据。大部分的州立标准中都强调，学生需要理解解决多数问题或得出结论的各种方法。

预估常见错误并在授课中指出

教师在教学设计过程中应对学生可能会犯的高频错误进行预估。常见误区的教学可以帮助学生减少后期错误的发生。为此，教师可以制作一张常见错误的检查表供学生进行自我评估。

常见错误

教师在运用该方法的过程中，非常容易在学生学习和练习的环节上出错，从而影响教学的有效性。在传统课堂上，教师习惯一肩挑，以“内容讲解”或者“追赶进度”的方式主导学生思维。殊不知，将错误识别、答案修正和提供理由的责任下放给学生是推动其批判性思维发展的关键。以下列出了常见的几大教师错误行为，希望大家共同关注。

◇教师没有持续地为学生提供教学、练习和考核，学生没有具备逻辑思维技能。

◇为了赶进度，教师对漏洞百出的思维亦敷衍了事。

◇教师不要求学生解释正确答案的得出方式和理由。

◇教师没有在提供解释之前鼓励学生自己发现错误。

◇教师在让学生回答问题和说明答案合理性时，未能照顾到多数学生，总是优先考虑正确率较高的学生。

◇教师使用的示例难度不利于学生分析。

验证答案正误的正例与反例

以下提供了两则正例（一则小学案例和一则中学案例）及相对应的反例，案例中学生需找出错误答案，解释修改过程并为答案的合理性提供依据。在阅读的过程中，请回顾自身的课堂经历，并参照之前列举的常见错误，借鉴正面案例中教师的可取做法，警惕反例中教师的错误示范。

验证答案正误的小学正例

该案例中的教师为本节内容设置了两个学习目标：

◇理解任务内容并努力解决问题。

◇进行抽象和定量推理。（CCSS, Mathematical Practice, Standards#1, 2）

在前一方法的正例中，教师在课堂上问了学生一个重要问题：小红母鸡的做法明智吗？她结合自身经历向学生展示了明智和不明智的几件事例。之前在介绍“逻辑”这一术语时，她解释道，明智的说法和做法都运用了逻辑这一超强的思维技能。而在本案例中，她进一步要求学生运用逻辑这一超强的思维技能，区分图形属性并对自己的归类结果进行评论。

> 同学们，我想要你们运用自己超凡的思维能力来判断某事物的逻辑是否合理。我们要把一些形状分类，我需要你们的帮助。当我指向你的时候，请你静静地起身并带上我分发给你的形状。我将给你们指定站立的位置。每次归类，我都希望你们能够自问并互相发问：“这样做合理吗？”

她请四位学生来到教室前面，其中拿着三角形的两位学生站在一起，拿着正方形和长方形的两位学生站在一起。教师让学生静下心来思考她的分类依据，随后便组织两人一组进行讨论，说出这四位学生分别所持的具体形状名称。在这个过程中，教师四处走动并注意监控学生的交谈内容。她发现其中一组成功地找出了归类依据——形状的边数，于是让这一组中的一位成员站起来分享讨论结果。

接下来，教师告诉学生她将对更多的图形进行归类。这时她故意将八边形归入了四边形当中，并要求学生两人一组互相提问并讨论：“这个形状的归类正确吗？”她希望学生能在与同伴的交流讨论中发现问题所在。教师选择了另一对搭档来进行展示。其中一人认为这样的分类是错误的。教师提醒她说明错误的原因。然后教师从全班选择一人展示了正确的分类方法，同样也让她说明了其中的理由。同时，若其他学生认同这一解决方法，需竖起大拇指示意。这样做是因为教师知道学生获得正确答案有其偶然性，必须要求其阐述思考过程。

验证答案正误的小学反例

该反例中的教师同样是使用图形分类来教授学生验证正误。但是，她没有要求学生找出归类中的错误并说明错误原因。课上，教师仅仅讲授正确的图形归类方法，而未能提供相应练习让学生对错误的归类进行纠正和说明。

验证答案正误的中学正例

一位高中物理教师在逻辑教学中围绕以下学习目标进行了课程设计：建立切实可行的论点并对他人的推理过程进行评论。（CCSS, Mathematical Practice, Standard#3）

标准要求，理科好的学生还需能够比较两个似是而非的论点的有效性，将正确和错误的逻辑或推理区分开，同时，如果论点有误的话，需对错误进行解释。

> 同学们，我们有十分钟的时间来解决电子白板上的问题。这道题与你们即将在春季物理预修课程考试中遇到的类似。在做题的过程中，请给出你选择某种具体解题方法的理由。

接着，该教师向学生展示了两种不同的问题解决方法，以及它们相对应的得分（一种解法分数较低，而另一种解法分数较高）。她想让学生以小组为单位进行讨论，在讨论过程中引导他们阐述具体的方法选择依据及分值分配的理由。

接着，老师要求既有的小组通过讨论产生统一的答案。教师让第一小组的成员将讨论结果写在白板上，而其他小组则负责找出自己与展示答案不同的地方。

所有学生都必须对自身学习进行评价，并且写下各自结论产生的依据。如果想对答案进行调整的话，也要提供相应理由。

验证答案正误的中学反例

与正例中的教师相比较，反例中教师的工作在家长和学生眼中，显得轻松许多。学生几乎不需要对具体的方法选择或者方法调整进行解释。选择方法较好的学生也可能无法解释为什么选择此法，而答案错误的学生，不论他们选择哪种具体解题方法，都需要自己找出错误原因。

判断学生是否能验证答案正误

当你的学生能够对某种具体的方法选择提供解释，或者如小学正例中所示，能够选择最合适的方法解决问题时，你的教学才算达到了预期结果。为此，过程中须包含两个要素：

1. 教师必须借助特定的课堂活动，要求学生确定答案并阐述理由，或者当答案出错时，提供修改方法。

2. 教师必须进行某种形式的监控，比如阅读学生的学习日志，以确保学生认真评估其答案的正确性并对错误进行验证。

上述两个要素明确了教学中各自的责任。可以用它来判断当前的教师行为是否能对学生逻辑思维的养成提供帮助。

在监控过程中可以参考如下建议：

◇学生在解决问题时，你可以在教室四周巡视，并从学生背后查看解题过程，确保学生往正确的方向努力。

◇当学生在小组中讨论各自的推理时，四处走动并聆听他们的讨论。

◇在课程计划中记录下学生解释推理过程不同的方式，并利用当中信息调整后期教学。

表 2.1 是学生验证答案正误的水平量规。它提供了两种推理过程的标识：如何判断答案是错误的，并解释改正方法；如何判断答案是正确的，并提供正确理由。

表 2.1 学生验证答案正误的水平量规

新手入门	基本掌握	预期达标
学生知道答案是错误的，但不能解释为什么是错误的	学生知道答案是错误的，但是不能提供完整的错误原因	学生知道答案是错误的，并能够解释答案为什么是错误的
学生知道答案是正确的，但不能解释为什么是正确的	学生知道答案是正确的，但是不能提供完整的正确原因	学生知道答案是正确的，并能够解释答案为什么是正确的

开展支架教学和拓展教学满足学生的需要

教师经常会遇到这样的难题：当前的教学进度不利于部分学生的内容和技能掌握，与此同时，有些学生已经提前具备了该技能。在这种情况下，你会对教学进行调整。这意味着你需要基于不同的学生需求提供支架教学或对内容进行拓展。可以参考以下有关支架教学和拓展教学的做法。

支架教学

也许存在个别或少数学生无法识记或掌握连日来甚至当天的核心内容，这时你可以尝试以下方法调整教学：

◇指出某论断或答案的错误类型，让学生解释原因。当学生能够成功进行验证时，便可以尝试独立完成两个推理步骤：识别和提供理由。

◇列出每种错误类型的核心要素或条件。以轶事证据为例（例如，将你的论点建立在规则之外的特例上），可以借助以下提示作为支架：（1）你认为规则是什么？（2）你可以举出一个反例吗？如果可以，那么他们的逻辑便是错误的。

◇每次只关注一种推理错误类型，并引导学生提出尽可能多的例子来进行诠释。关注那些经常出现在文学文本中、课堂互动中甚至操场上的错误。

拓展教学

当你不知道如何对该教学方法进行拓展时，可以参考下面的例子：

◇让学生比较和对比不同的错误类型或者同类错误的不同示例。

◇让学生为各种类型的错误提供多个示例。

◇让学生用流程图画出他们在评估答案正确性时的步骤。

教学方法 3　验证问题解决方法的有效性

该教学方法的核心是教学生如何利用逻辑更加灵活、适宜地解决问题。问题的类别可以是数学、科学或者社会科学等。本节提供的是有关数学教学的课堂案例。但如果你是一位社会课教师，同样也能让学生用它来分析社会课中问题解决的有效性。例如，对定量研究和定性研究进行比较，再根据解决问题所需的信息确定研究方法。

解决科学问题要使用科学的方法，通常包含以下步骤：（1）观察；（2）提问；（3）产生假设；（4）设计实验来验证假设；（5）分析数据，得出结论。

当你鼓励并要求学生对具体问题的多种解决方法的有效性进行验证和评估时，他们的推理能力亦会随着标准的提升而增强。

如何验证问题解决方法的有效性

下面提供了两种方法，用于教学生如何验证各种问题解决方法的有效性。

直接将方法教给学生

如果学生是初次接触某种新的程序或步骤，之前并未有过相关学习，可以选择直导教学的方式。

1. 确定一个与内容和标准相关联的待解决的任务。

2. 使用熟悉的案例和图解和 / 或简易的文本来示范和展示问题解决的方法。如果合适的话，将问题的解决步骤呈现在幻灯片上，例如，解决乘法问题的步骤、科学方法的使用步骤或者针对某个社会科学问题搜集数据、开展研究的步骤。

3. 在课堂上分发一些样例的复印件供学生参考。

4. 为学生追踪自己的思考过程、观察过程和答案提供图形组织者。

5. 要求学生与合作伙伴一起努力尝试解决与内容相关的新问题。

6. 要求学生提供选择某种具体解决方法的理由。

7. 要求学生阐述自身推理过程的合理性或者论证方法的正确性。

比较 / 对比同一问题的不同解决方法

1. 给学生布置两个任务，要求他们都用不同的方法求解（通常有传统方法和简便方法之分，而后者会减少运算量），并将两种解决方法并列呈现。

2. 两人一组讨论上述解决方法，并回答思考单上面的问题。

3. 教师针对每种方法的有效性和 / 或准确性进行提问。

4. 要求学生用具体的例子来说明在何种情况下其中一种方法会优于另一种。

5. 要求学生为上述讨论结果（两种方法的有效性或正确性）提供依据。

在学生掌握了比较 / 对比法的基础上，可以用以下变式：（1）用同一种方法解决两个不同的问题；（2）用同一种方法解决两个非常相似的问题。

常见错误

一边教学，一边总结错误，这样的经历吃力且让人苦恼。但如果你能够提前预知哪些环节容易出错，那么成功实施该教学方法的概率也会提升。下面列出了一些操作中需留意的常见错误：

◇教师使用的样例或问题可能对学生现阶段的水平来说难度过大，不利于学生分析。

◇教师未能提醒学生仅存在唯一的问题解决方法或者尽管答案正确，但没有使用正确的方法解决问题。

◇教师失去耐心，将解题的责任完全推给学生。

◇教师将学生的错误答案作为典型放在课上分析，而没有让当事学生对自己的作业、错误等进行评估。

◇教师在课上一肩挑，没有适时将思考的责任下放给学生。

◇教师过于正经且非常不乐意让学生解释他们对步骤可能的调整。

◇教师程式化地接受了学生的正确答案，却没有敦促学生思考自身方法的改进可能或者解释答案的产生过程，以免答案是“碰巧”得出的。

验证问题解决方法有效性的课堂正例与反例

以下提供了两则正面案例（一则小学案例和一则中学案例）及相对应的反面案例，案例中学生需对答案的逻辑进行验证，以确定不同方法的有效性。两则正面案例均选自数学课堂，在阅读的过程中，请思考如何结合所教的年级水平或教学内容进行改编。同时参照之前列举的常见错误，借鉴正面案例中教师的可取做法，警惕反面案例中的错误示范。

验证问题解决方法有效性的小学正例

该案例展示了教学方法 3 在四年级数学课上的应用过程，学生学习目标设置如下：理解多位数乘法并进行熟练运算。（参照 CCSS, Mathematics, Grade 4−Number & Operations in Base Ten, Standard#5）

在本节课之前的几周中，学生共学过三种不同的乘法运算方法：传统法、部分积法（the Partial Products Method）和网格法（the Lattice Method）。除了少数学生的运算不太熟练，大部分已经能够基本掌握。只是，学生无法说出或写出这三种方法及其有效性之间的区别。如今学生对两位数乘两位数的乘法运算日趋熟练，但是却无法按照标准所要求的那样，对过程表现出更深层次的理解。据此教师设计了以下问题提示，希望学生能够形成某种简单的固定反应：（1）使用乘法的部分积法计算出 47 × 75 的结果，并解释其过程；（2）使用乘法的网格法计算出 47 × 75 的结果，并解释其过程；（3）你认为哪种方式更为简便？为什么？

同学们，请拿出你们最佳的学习状态，认真听课。在过去的几周时间内，我们一直在学习两位数乘两位数的乘法，我向大家介绍了三种不同的运算方法。你们已经用得很熟练，但是根据我们学业评估的要求，这还不够。你们还需解释三种方法的运算思路，并且对比其有效性。如果其中一种方法使得运算有效（**正确**）且及时（**迅速**），那么这种运算方法便是高效的。

举一个例子。你们都曾经跟着爸爸妈妈去商店买过东西。这当中购物有高效和低效之分。高效购物时，你能够迅速地买齐需要的所有物品。我的步骤如下：（1）根据商店的货品摆放顺序提前制订相对应的购买清单；（2）到达物品所在区域后，不要四处闲逛，直奔主题；（3）一旦买齐清单所列物品，便离开商店。但是这种方式仅仅适用于经常光顾的商店。当我离开一家商店，前往另一家时，方法就完全不一样了。今天的重点不是教你们的妈妈如何有效地购物。我们今明两天的学习任务是如何有效地运用三种乘法的运算方法。

教师为两天的课程安排分别设计了不同的学习活动。第一天，她将学生分为三组，要求每组使用指定的运算方法解决一个乘法问题（两位数 × 两位数）。学生需在海报上写出作答过程及该解决方法的优点。海报制作完成后，每组需选出一名发言人对该方法进行说明，并且验证答案的正确性。

第二天，每个学生都收到了一张分三块区域的答题纸。教师在白板上写了一道两位数 × 两位数的乘法问题，让学生从三种方法中选择一种并将解题过程写在相应的答题区域内。答题时间规定为三分钟。三分钟过后，她统计出学生在这三种方法上的具体选择情况。然后在电子白板上放了一个 T 形图，要求学生自由发言，说出这三种方法高效和低效的地方。不仅如此，她还问了学生这样一个问题：多种解题思路是如何帮助你们更好地理解乘法的？当天的家庭作业便是用另外两种方法解决该乘法问题。

验证问题解决方法有效性的小学反例

该反例中的教学计划与正面案例大体相似：教授学生如何使用三种不同

的乘法运算方法。然而，该教师仅仅停留在使用层面，没有趁热鼓励学生对三种方法展开分析、验证各自的有效性并将其阐述和书写出来。

验证问题解决方法有效性的中学正例

验证问题解决方法有效性的正面和反面中学案例均取自八年级的数学课堂。学生学习目标围绕以下标准：制定和推导出表达式和方程式，包括建立二元一次方程（组）。（参照 CCSS Mathematics, Grade 8−Statistics and Probability, Standard#3）

该教师曾在线性方程的教学过程中纠结于两种不同的教学方法。为了确定方法的有效性，他决定在自己两个阶段的数学课上采用序列教学方法开展小型实验，即第一次先教一种解题方法，第二次再教另一种解题方法。

第二阶段则使用了比较 / 对比法。他将学生分为两人一组，每组分发一张讲义，上面有两条分别用两种方法解决的例题。教师引导学生以小组为单位，组内成员分别负责一种方法并轮流向同伴描述具体的解题过程。讨论过后，学生还需回答一些附加的思考题，用以评价上述解题方法并对其有效性进行评估。实验结果发现，就预期结果的完成情况而言，第二种方法更有利于该教学方法的实施（Rittle-Johnson & Star, 2007）。

验证问题解决方法有效性的中学反例

该反例中的教师面临同样的学生学习目标：使用不同的方法解决线性方程问题。但是他没有要求学生参与有关程序性知识的讨论或者对解题方法的有效性进行评估。

判断学生是否能验证问题解决方法的有效性

教师需在教学中刻意监控，以确定学生是否能正确理解不同的问题解决方法并对其有效性进行评估。明确哪些学生已经掌握及掌握的具体水平需要整合出一套评估方法。在这个过程中，你可以参考以下途径来监控学生对问题解决方法有效性评估过程的理解。

◇学生将自己的思考过程及解释记录在学习日志上，教师可以收集并阅读。

◇学生以小组合作的方式解决电子白板上的问题，而教师则要将学生解题的有效性和正确性记录下来。

◇学生进行说明并提供依据，教师从学生身后查看并聆听。

◇学生将独立的解题过程写在白板上，高举起来供教师查阅。

下方的学生水平量规可用于评估学生验证问题解决方法有效性的水平。

表 3.1　学生验证问题解决方法有效性的水平量规

新手入门	基本掌握	预期达标
学生能够找出解决问题的方法，但无法阐述解题思路或者拓展至其他同类问题	学生能够找出解决问题的方法，能够对解题思路做出一定的解释	学生能够找出解决问题的方法，解释具体的方法选择理由，并描述同类问题的解题思路

开展支架教学和拓展教学满足学生的需要

会有一些学生不理解多种问题解决方法，同时不能对各种方法的有效性进行阐释，但同时又会有一些学生做好了进入下一阶段学习的准备。该部分的支架教学和拓展教学需要一定的灵活性和更多的创造性。

支架教学

◇每次教学生使用一种解决方法，且采用直导教学的方式。为学生提供图形组织者，在上面列出一定数量的复选框，帮助学生对自己的运算进行追踪，而不是写在笔记本上。

◇设计一组图形组织者或者思考单，供学生记录自己的思考过程。

◇设计一份讲义，学生需要的所有信息均记载在一页纸上。

◇一次只发一张讲义。

◇每次只提供一种指导。

拓展教学

◇学生对教师提供的图形组织者进行重新设计。

◇学生通过录制在线视频展示本节中讨论的两种有效性验证方法。

第二部分
用论据支撑主张和论断

第二部分的三种教学方法可用于教学生如何陈述并论证主张：（1）根据内容提出并支撑主张；（2）确定并分析作者的主张；（3）评价作者的推理过程和论据。

教学方法 4　根据内容提出并支撑主张

教学方法4有助于你教学生如何提出并证明特定学科内容的主张。例如，如果你是经济学教师，你将要求学生提出并证明经济学内容方面的主张。学生可以从理解该学科的结构、研究方法及推理工具入手，开始较高水平的内容学习。此方法同样也适用于其他学科的学习。

一开始，该技能的教学需要占用大量时间，教师和学生需要投入更多精力。不同于章节阅读和记简要笔记，该过程对学生提出了更高的认知要求。然而，学生在此期间获得的知识却更为深刻和持久，一切付出便有了意义。

在掌握该技能的过程中需要首先明确一些术语：（1）内容（content）；（2）主张（claim）；（3）论断（assertion）；（4）支撑（support）；（5）理由（grounds）；（6）支持（backing）；（7）限定（qualifiers）。表4.1对上述术语进行了完整诠释。但当你用该表进行术语教学时，注意将最后一栏的科学课示例替换为与你教学相关的内容。

表 4.1 提出并支撑主张的术语

术语	定义	示例
内容	根据内容标准制定的教科书和教学材料	一本环境科学的教科书、影像、图表和地图
主张（有时称作主题或论点）	待考究的看法	人类是全球变暖的元凶
论断	一种陈述，其中有些看法有待考究	人类活动对全球气候变化有实质影响
支撑	为主张服务，证实主张。它可以是给出的理由，也可以是起支持作用的信息	人类温室气体的排放会带来全球气候变化
理由	初步的支撑，用于得出结论、形成个人主张	热带气旋频繁出现并不断增强，证实了全球变暖
支持	更有力的证据	在1975年至1989年间，共有171次4到5级飓风 在1990年至2004年间，共有269次4到5级飓风

（续表）

术语	定义	示例
限定	反例，或者是与主张相矛盾甚至证明主张错误的表述	受深海洋流影响，气候冷暖呈周期性出现 上述周期与大气和海洋环流模式的自然变化一致

示例改编自 ProCon.org（2014）。

需要留意的是，各州的标准、课程和评估材料及《共同核心国家标准》中的术语可能不尽相同——尽管意思相近。例如，《大学与职业准备锚定标准》"阅读"第 8 条规定："对文章的论点和具体观点进行说明和评价，包括推理过程的有效性及论据的相关性和充分性。"

要想顺利开展教学，第一步便是与各年级或系部在标准、课程和评估的表述上达成一致。校际联盟固然可行，但是系部间合作更为关键。根据六至八年级英语学习的写作标准，以及历史 / 社会课、科学课和技术课的读写能力要求，六至八年级的学生应能够按照以下步骤对特定学科内容进行论证：

1. 引出有关某一话题或议题的主张，认识并区分各种可相互替代的或相互对立的主张，有逻辑地组织推理和论据。

2. 用逻辑推理及相关且准确的数据和论据来支撑主张，以展示对主题或文本的理解，并保证资料来源可靠。

3. 使用单词、短语和分句连贯且清晰地阐述主张、对立主张、推理和论据之间的关系。

4. 确定并始终采用正式的文本格式。

5. 根据已有论点用一句话或一段话进行总结，该总结反过来可以进一步证明论点。

如何根据内容有效提出并支撑主张

根据内容有效提出并支撑主张需要分两步走：第一步，学生需对文本进行处理。如《大学与职业准备锚定标准》“阅读”第 1 条规定，文本处理包括仔细阅读以明确文章大意，以及做出符合逻辑的推论。除此之外，在书写或者阐述结论得出的依据时，还需引用具体的书面证据作为支撑。企图略过该步骤直接进入主张的提出和支撑环节简直是浪费时间。有意义的学习首先就是要求学生在阅读和理解的基础上，根据文本内容建立起一个有组织的、连贯的信息结构。表 4.2 是有关文本处理的步骤。内容处理完成之后，才能进行第二步：根据内容提出主张并提供支撑。教师应选择阅读难度较低的内容材料，这样有利于释放学生的工作记忆存储，使他们专注于提出和支撑主张的关键技能的掌握。同样，内容材料需论点突出，且有大量重要的细节支撑。教学起始阶段的文本选择会影响到学生学习的成与败。

表 4.2　课堂中内容处理的步骤

步骤	讨论
1. 选择与内容相关、与标准相符的教学文本	你在教学起始阶段使用的内容材料的阅读难度应该较低
2. 明确文本结构（作者组织文本的方法）	在该阶段，你通常会教授学生各类文本结构类型或者至少教授你提供给学生阅读的文本的结构类型。过程中为帮助学生理解文本结构，教师需提供线索。例如，如果作者通过比较和对比来阐释、明晰、示证或者说明内容，那么该文本结构便是比较 / 对比。除此之外，因 / 果和问题 / 解决的文本结构非常适合用来教授学生对文本中的支撑优势进行验证和分析
3. 根据确定的文本结构，选择合适的图形组织者，并利用部分文本内容示范如何完成图形组织者	如果你之前没有在学生面前进行过完成图形组织者的出声思考的示范，那么你便需要对整个过程进行预演。预演中会暴露出各种问题，而你可以提前做好预防，以免干扰正式的课堂教学
4. 对文本进行有机分割，借助图形组织者，逐一帮助学生明晰各部分内容	如果课堂上大部分学生都面临学习困难，为帮助他们完成学习目标，你不妨在演示的过程中请一个帮手

当学生完成了文本处理（从中获取了大意并明确了中心思想或主题）时，便可以进一步根据内容提出主张并提供支撑。在接下来的讨论中，我们将具体讲述如何在学生中开展教学方法 4 的前期教学。给学生一份介绍该方法的图形组织者，提醒其明确各个类别的属性：主张、理由、支持和限定。

尽管学生能够独立对文本进行处理并提取出内容大意，但当他们尝试根据先前阅读的课文提出并支撑主张时，你仍需提供帮助。

1. 当学生刚开始进行内容学习时，教师需帮助学生确定主张。

首先，与学生一道再次阅读他们刚从课文中提取的信息。教师应该给学生提供图形组织者，帮助他们完成首次课文阅读，并引导他们根据阅读时记的笔记确定文章的中心思想。这个中心思想很可能成为主张。另外，主张也可能是学生根据文章信息再结合自身相关的知识和经验所推出的结论，而这个结论可能会预示新的内容。

2. 帮助学生确定初始支撑（如：为主张找出相应的理由）。

要帮助学生确定理由，得先鼓励学生找出中心思想，因为中心思想可以帮助学生判断自己的主张是否恰当。抓住一切机会让学生自主思考。对于学习困难的学生，你可以事先准备好主张，然后要求他们指出为什么该主张恰当或不恰当。在确定理由时，学生需要展示论点提出的依据、转述某位专家的观点、参考实验证据、引用事实信息，以及分享对常识的理解。

3. 要求学生为主张提供相应支持（或其他形式的支撑）。

该步骤中，教师将引导学生对可利用的、与主张相关的信息进行深度挖掘。教师的任务是帮助学生找到合适的资源以支撑论断。

4. 要求学生框定限定（文中的一些特例或者与主张相矛盾的语句）。

最后一步，引导学生看看文中对主张起到不同解释的内容。写得好的文章通常会包含一些反例或特例。

学生在阅读时可使用表 4.3 来记录信息。该表通过回答问题的方式一步步地引导学生完成信息甄别。这类笔记记录方式不仅能够囊括全部的关键概念，还能围绕关键内容建立起可靠的长期记忆。你可以依据学生水平和学科内容，使用下表进行提出和支撑主张的操作演示。决策环节需在学生面前用到出声思考。

表 4.3 如何根据内容提出并支撑主张

如何思考	需要回答的问题	需要采取的行动
确定主张："主张"就是阅读后得出的结论，或有待证实的观点	这篇文章的中心思想是什么？	在这里写下主张
确定理由："理由"就是主张的主要证据和推理过程	有哪些关键的细节能够为论点提供初始支撑？	在这里写下细节
确定支持："支持"就是其他形式的论据支撑	有哪些专家意见、实验数据或者事实信息能够为主张提供进一步支撑？	在这里列出其他形式的支撑
框定限定："限定"就是主张的一些特例，经常是作为反例出现的	什么可以成为主张的反例？你能对任一主张发出质疑或者提出其他观点吗？	在这里列出反例

常见错误

在教学方法 4 的实施过程中，教师的很多不当行为都会造成学生理解失败或者给他们带来学习上的困扰：

◇教师没有通过直导教学的方式对学生获取文本大意进行指导。

◇教师使用的文本对大多数学生来说难度过高。

◇教师提供的文本结构不明显，不利于学生找出论点和支撑细节。

◇教师没有在学生面前对出声思考过程进行充分示范，以致学生无法了解该任务下成熟思维的表现。

◇教师直接告诉学生表内应填写的内容，而没有让学生独立思考。

◇教师的讲述多过提示和辅助。

◇在要求学生对文本内容进行较高水平的操作，即提出并证明主张之前，教师没有预留足够的时间供学生对内容进行处理和理解。

◇教师没有坚持要求学生对自己所提出的主张的支撑做出清晰的阐述。

◇尽管学生针对主张提供的支持不充分、所给出的证据不相关，但是教师仍然予以接受，从而导致部分学生思考不缜密，缺乏责任感。

◇教师为了不让学生难为情或者急于赶进度而接受了学生的错误逻辑。

根据内容提出并支撑主张的正例与反例

以下提供了两则正例（一则小学案例和一则中学案例）及相对应的反例。在阅读的过程中，请回顾自身的课堂经历，同时参照之前列举的常见错误，借鉴正例中教师的可取做法，警惕反例中的错误示范。

根据内容提出并支撑主张的小学正例

正面和反面小学案例均描述的是根据内容提出并支撑主张的教学过程。正面案例中的教师同时关注了一项内容标准和一项阅读标准。其中内容标准如下：“描述刘易斯（Lewis）和克拉克（Clark）在 1803 年至 1806 年的探险经历。”（Massachusetts History and Social Science Curriculum Framework, Grade 5）

阅读标准则要求学生能够“解释作者是如何使用推理和论据来支撑文中论点的，并找出每个分论点的推理和论据支撑”（CCSS ELA & Literacy-Informational Text, Grade 5, Standard#8）。

下面案例中的教师正在向学生解释当前的学习内容。

同学们，今天我们将一起学习如何产生并证明主张。听上去很高大上。“产生”意味着“提出”，而“主张”是你在阅读后对文章内容进行的推断。主张的证明过程也是提供论据的过程。好的，在我提出并证明主张时请注意观察。我提出的主张是：这是我教过的最佳班级之一。下面我得证明我提出的主张。（老师在电子白板上写了两句话：（1）在我教的所有班级中，这个班违反纪律的同学最少。（2）在我教的所有班级中，这个班的优等生最多。)明白我的意思了吗？尽管你们是一个优秀的班级，但是我还是提出了主张并给出了相应证据来证明我的主张。但如果要支撑我的主张，我得拿出15年来我的课堂实录。如果需要的话，我可以提供。接下来你们需要根据我们的社会学课本提出并证明主张。我们之前已经读过刘易斯和克拉克的探险文章，相信大体内容你们已经了解。

简单介绍之后，该教师基于课文的部分内容，继续通过出声思考提出了两个主张：（1）托马斯·杰斐逊（Thomas Jefferson）的想象促成了西部的开发与移居。（2）刘易斯和克拉克的勇气和决心促成了西部的开发与移居。他要求学生两人一组，选择其中一个主张，并完成各自图形组织者上有关理由和支持部分的填写。内容文本中没有充足信息供学生框定限定。于是，教师计划稍后让学生从一些一次文献和其他资源中找出反面论述或者限定，以彻底充实学生关于内容的思考。

该教师的教学计划十分周密。在对上述两个主张提供支撑之前，学生已经完成了相关内容的文本处理。他分别为表 4.1 中的术语提供了一则现实样例。同时为了便于学生操作，他对主张的产生过程进行了示范。尽管有上述的教学辅助，学生仍需独立从内容文本中找出理由和支持。他还提供机会让学生对内容知识加以巩固，期望他们能够从更多的教学材料中找出限定。

根据内容提出并支撑主张的小学反例

小学反例中的年级和标准与正例相同。该案例中的教师认为，由于时间有限，无法做到前一天学习内容，后一天学习如何提出并证明主张，于是他决定将其整合成一节大课。这是他犯的第一个错误。学生则由于教师的时间分配原因卡在了内容理解上。在接下来的技能教学中，他只是匆匆地提供了术语定义，没有结合具体示例帮助学生理解。他未能提前选择一些主张，也未能真正预演出声思考过程。教师和学生全程都一头雾水。在课程快要结束的时候，他把整个任务都交给学生，看谁做得好，谁做得不好。结果发现只有极少数的学生掌握了内容或能提出主张并提供相应的支撑。

根据内容提出并支撑主张的中学正例

该案例的背景是一节美国历史课，当中教师设置了两个学习目标：

◇分析亚伯拉罕·林肯（Abraham Lincoln）的总统任职、《解放黑人奴隶宣言》（1863）、对奴隶制的看法及遇到的政治阻碍。（Massachusetts History and Social Science Curriculum Framework, Grades 7−12）

◇引用说服力强且透彻的书面证据来支撑文本分析及推论，同时找出文中没有明确结论的内容。（CCSS ELA & Literacy, Reading, Grades 11−12, Standard#1）

该教师对课本中的内战单元进行了仔细研究。为了确保学生能够明确地从文本中获取大意，他为单元内的每个章节都设计了相应的教学活动。他打算教学生根据内容提出并支撑主张，因为在整个单元的学习过程中有很多地方都可以用到该技能。他设计了一个图形组织者，贯穿了单元教学始末。第一章的核心是内战的背景，可进行有关战争起因的猜想。第二章讲的是战争的转折和高潮，可以就相关内容进行假设；第三章围绕的是战争深远的影响，可以就此发表观点。

同学们，在内战单元的学习过程中，你们表现出出色的推理和写作能力。从大家学习日志的书写及小组讨论的情况看，已经可以进入下一阶段的学习了。当你们掌握了今天课上的技能，便可以直面4月份的评估考试了。这一技能叫作“产生并支撑主张”。它在各类职业群体中使用非常频繁。比如律师、法官、执法人员，甚至FBI和CIA的工作人员，他们几乎每天周旋在主张的产生和支撑过程中。即使是美国总统，为了让国会或者美国人民信服他所提出的议案，也必须如此。

我们的主张和论据都必须围绕前面几周学过的内容，即内战。下面我将给大家发一份讲义，上面列出了需要掌握的核心术语。本周内都要随身携带，因为我们每天都要用。我向大家保证，这周过后，你们对内战的了解将足够写一份5页纸的学习报告。但是，我一般不会布置这样的任务，除非某些之前测试不及格的学生急切地想要额外加分。

在正式开始教学之前，该教师发给学生一份名为“如何从内容中提出和支撑主张”的图形组织者。每一章节的学习都需要完成一份这样的图形组织者。在学生开始练习之前，教师先通过出声思考展示了主张的产生过程。他将部分内容呈现在电子白板上，并标出和画出各种有助于主张产生的词语和句子。他想要借此向学生说明提出主张时思考和文本再读的重要性。虽然之前已经读过一次，但该教学方法往往要求学生进行深度挖掘，而这是大多数学生在初次阅读时无法做到的。示范过主张的产生过程之后，他请一位学生帮忙从文中找一些有关主张的初始支撑的关键信息，同时提醒大家，这初始支撑便是理由。接着他又请另外一位学生从文中找出进一步的证据即支持，以支撑主张。今天的作业则是从教师用来进行示范的文本中找到一个新的主张。这对于那些认为材料只需读一遍的学生来说是一次非常棒的经历。

根据内容提出并支撑主张的中学反例

反例中老师的教学内容和阅读标准与正例中的一致。但是该教师不适应出声思考的示范，认为学生会觉得这种行为太幼稚，而她自己也感到难为情。同时她已经认定再在内战单元花费时间不利于教学进度。于是她决定自己先完成第一章的图形组织者，再将其分发给学生，并布置了如下的家庭作业：使用提供的图形组织者中的方法提出并支撑主张。该教师没有意识到在学生面前示范—师生配合—小组合作的重要性，所有这些步骤均是学生独立提出和证明主张的前提。结果是该案例中的大多数学生都未能正确完成任务。

判断学生是否能根据内容提出并支撑主张

监控是教学过程必不可少的组成部分，当中包含两个要素：（1）学生达成该教学方法的预期结果的行为表现（这里指提出并支撑与内容相关的主张）；（2）教师对预期结果的检查及面对学生进步的反应。下面提供了一些具体的表现样例，可以应用于提出和证明主张的过程：

◇学生完成了图形组织者，代表其理解了文本内容并具备了根据内容提出并支撑主张的能力。

◇学生能够口头阐述主张，并描述从内容中获取的中心思想。

◇学生能够从内容中获取两个及两个以上的论据并通过口述的方式支撑主张。

你可以使用下面的水平量规对学生根据内容提出并支撑主张的能力进行评估。在该量规的基础上，修改你所制定的教学成果的检验方法。

表 4.4　学生根据内容提出并支撑主张的水平量规

新手入门	基本掌握	预期达标
学生知道主张、理由、支持和限定等术语的定义，但是无法将它们应用于自身的阅读、推理和写作中	学生能够根据内容提出自己的主张，但是仅能提供有限的支撑和少量支持，如果有限定的话，几乎可以忽略不计	学生能够根据内容成功地阐述主张，建立理由，提供支持并框定限定

开展支架教学和拓展教学满足学生的需要

在讲过一遍之后，可能仍有学生无法准确理解主张的产生和证明过程。同样，在你教之前，可能就有学生似乎“已经理解”和“已经掌握”。要满足上述两组不同的学生群体的需求，就必须对当前教学进行调整。你在教学设计过程中考虑的学生越多，便会越了解学业成绩排名在两端的学生。以下提供了一些基于学生需求提供支架教学和拓展教学的思路。

支架教学

◇使用阅读难度较低的内容文本，便于学生从中提取明确的大意。

◇提供充足的示范，保证学生能够听到已经掌握的学生的出声思考过程。

◇为学习困难的学生提供现成的主张，要求他们找出相关理由和支持。

拓展教学

◇为个人或小组提供现成主张，这些主张比从教科书上推断出的要更加高级。个人或小组需通过网络查找资料，为主张提供支撑。

◇要求个人或小组从文本中提出互斥的主张，并从其他资料中寻找支撑。

教学方法 5　确定并分析作者的主张

本方法以教学方法 4 中的核心术语和思考过程为基础，两者仅有一处差别。教学方法 4 要求学生根据自己对关键内容的阅读和理解提出并证明主张。而教学方法 5 则要求对学生的视角做一些调整。他们需要阅读有作者署名的整个作品，然后提出主张，并提供相应的证据。证据可以从以下方面去找寻：作者与话题的渊源、作者使用的文本结构、作者对主题的态度或立场，以及作者的写作意图。有署名的文本材料包括书籍（虚构和非虚构），还有杂志文章、报刊评论及有署名的网络博客。

教科书尤其是 K−12 年级的教科书，是由不同的作者编撰而成。该作者团队或者委员会都会尽量保持客观，直入主题，以免偏离核心内容。同时，每个署名作品的作者都有特定的写作意图和独特的风格。他们要么在陈述故事，要么在分享主题。因此学生在阅读他们作品的过程中，可以确定他们所提出的主张，并分析出这些主张的提出是如何受作者的写作意图和写作风格影响的。

如何有效确定并分析作者的主张

下面的几个表介绍了确定并分析作者主张的具体步骤：（1）“提出并支撑主张的术语”（参见教学方法 4 中的表 4.1）；（2）表 5.1 中的“确定并分析作者主张的关键术语”；（3）依照表 5.2 中的关键术语，“如何确定并分析作者的主张”。

如果你尚未在课堂上运用过教学方法 4，需要首先通读一下前一节中表 4.1 的内容。这些关键术语的掌握关系到本教学方法的实施。除此之外，还有一些关键术语仅仅适用于该策略，详见表 5.1。

表 5.1　确定并分析作者主张的关键术语

概念	定义
意图（Purpose）	作者写书或文章的原因
文本结构（Text Structure）	作者为图书或文章选择的编排方式
风格（Style）	作者的语言使用方式

表 5.2 可以有两个用途：（1）作为教师规划出声思考的模板，便于在学生面前进行作者主张的确定和分析示范；（2）作为需完成的图形组织者，供学生在以小组合作或独立操作的方式确定并分析作者主张时使用。

表 5.2　如何确定并分析作者的主张

步骤	问题	答案
确定主张：通过阅读，得出有关作者观点的结论	你认为该内容的中心思想是什么？	写下中心思想 / 论点
确定理由：作者用于主张支撑的主要论据和推理过程	有哪些关键细节能够为主张提供初始支撑？	列出细节
确定支持：作者提供的其他形式的支撑	有哪些专家意见、实验数据或者事实信息能够为主张提供进一步支撑？	列出其他形式的支撑
框定限定：主张的例外情况，通常以证伪的形式呈现	哪些信息属于主张的反例？你能够对其中任一主张发出质疑或者提出相反的观点吗？	列出主张的特例、反例
描述著作或文章作者的写作意图	作者的观点是什么？	描述你是如何确定作者的观点的
描述作者使用的文本结构	作者使用的是何种类型的文本结构？比如作比较、举例子或者列数据等	描述你是如何确定作者的文本结构的
描述作者的写作风格	这位作者的风格主要有哪些特点？	描述你是如何确定作者的风格的

常见错误

教师在运用该教学方法的过程中应避免以下错误：

◇教师在实施该教学方法之前，没有完全掌握各种关键术语。

◇教师选择的文本难度系数过高，或者没有清晰反映作者写作方法的各种方面：意图、结构和风格。

◇在进行作者主张的识别和分析教学时，教师没有在学生面前进行充分的示范和出声思考。

◇该教学方法涉及高阶思维技能的培养，但是教师没有明确学生在参与过程中的责任。

◇教师没有为关键术语的直导教学提供充足时间。

◇教师没有为学生提供足够多的示例。

确定并分析作者主张的正例与反例

以下是基于整个作品确定并分析作者主张的正例与反例。

确定并分析作者主张的小学正例

该案例发生在一节四年级的英语语言文学课上。教师为学生设置了如下学习目标：

◇确定文本的中心思想并解释关键细节的支撑方法；总结文本。

◇从整体上描述全义或节选部分的事件、观点、概念或信息的结构（如年代顺序、比较、因/果、问题/解决）。

◇解释作者是如何使用推理和论据来支撑文中具体观点的。（CCSS ELA & Literacy, Reading-Informational Text, Grade 4, Standards#2, 5, 8）

学生进入四年级以后，该教师就一直在教他们如何确定文章主旨以及如何撰写概述。到了四年级的第二个学期，学生在这方面已经能表现出令人满意的水平。于是他又花了两周的时间教学生如何识别各类文本结构。这次，除极个别学生外，其他人几乎每天都能有新的收获。

今天的课上他将以学生目前所获的扎实技能为基础，教授学生用另外一种方法阅读和理解文本：思考作者是如何使用推理和论据来支撑文本中的具体观点的。他打算将教学方法 5 改编后用于四年级的课堂教学，同时使用《共同核心国家标准》中的术语。明确主旨和细节的能力以及不断增长的文本结构知识是学生成功确定并分析文章论点的保障。而该教师的成功秘诀则在文本的选择上。他选择的文本阅读难度较低，所有的学生均能从中提取出大意。再者，文章中有多处围绕气候变化和全球变暖的阐述——这些主题经常出现在新闻中和互联网上。学生之前已经搜集过一些与该主题相关的时事文章，并将它们带到了课堂上。

一位杰出的社区成员曾经为当地报纸写了一篇评论文章。该评论文章中的一些主张正好可以帮助教师通过出声思考的方式，向学生示范他是如何确定并分析评论文章作者的主张的。案例中，他是这样导入课程的：

> 同学们，早上好！你们准备好开动脑筋了吗？我们今天将围绕两个相关联的话题展开思考：全球变暖和气候变化。特别是经历过去年的特级飓风之后，有关这两个话题的讨论甚多。接下来，我们将用到之前一直在学的两项重要的思维技能：确定阅读材料的中心思想和细节支撑，以及明确作者使用的文本结构。记住，如果你不清楚某个单词的意思，可以到教室后面查阅单词表，或者参考你们英语语言文学课上的笔记。今天我们将学习一个新词：**主张**。主张指的是有待验证的观点。我们需从阅读的这篇文章中寻找主张，看看我们能否弄明白作者想要表达的主要意思，并找到相应的证据。注意，证据就是作者提供的用以证明主张正确性的语句。

整个课程会持续至少两天。该教师将通过出声思考的方式找出第一个主张及其相应的证据。学生则需再次阅读同一部分以弄清文本结构。为此，教师给他们提供了三个选择：问题 / 解决、原因 / 结果及比较 / 对比。在接下来的课程中，学生将通过小组合作的方式自己找出第二个主张及相关的证据。

确定并分析作者主张的小学反例

案例中的教师对学生寄予了很高的期望，也做了很美好的教学设想，却未能选择正确的文本向学生示范如何找出其中的主张并展开分析。直至后来，她才意识到事先进行严谨的教学设计的重要性。因为缺乏符合年级水平且清晰的学习目标的指引，她的课堂焦点涣散。学生在课堂上亦感到挫败和无法集中注意力。

确定并分析作者主张的中学正例

案例取自某九年级的英语课堂，学生正在课堂上阅读一篇说明文。该教师为学生设置了三个学习目标：

◇引用说服力强且透彻的书面证据来支撑文本分析及论断。

◇详细分析作者观点或论点的形成过程。

◇确定文章中作者的观点或意图，并分析作者如何通过修辞来凸显上述观点或意图。（CCSS ELA & Literacy, Reading-Informational Text, Grades 9-10, Standards#1, 5, 6）

该教师选择了两篇关于气候变化持不同观点的评论文章。他将以其中一篇为例，示范教学方法 5 的实施过程，而另一篇则交由学生练习使用。最后，学生将对两篇文章进行再分析，并通过比较 / 对比撰写出一篇文章。

然而，一开始该教师会通过直导教学教授学生新的术语。他之前也一直在摸索教授大批词语的有效方法，直到看到一则教学录影。当中教师通过集体回答的方式教学生发音、拼写和新术语的定义。因为惊叹于该课堂的高效及学生的参与程度，自那以后，他每次都使用该方法来教授新的学术词语。他的高明之处在于能够为单词提供简短的学生友好型的定义。答案越简洁，越利于学生集体回答。上课铃声一响，他便开始跟学生一起学习和复核新的单词。这样的练习能让学生迅速安静并立马投入学习。

同学们，早上好。你们做好下一阶段的学习准备了吗？那么让我们开始吧。

（直接教授新的专业词汇。）

教师：第一个词：**主张**。我刚才说的什么词？（把手放下或者打响指示意）

学生：**主张**。

教师：主张是指有待证实的观点。**主张**是什么意思？（示意）

学生：有待证实的观点。

教师：今天，我们将要学习如何基于整篇文章确定主张。

教师：第二个词：**证据**。我刚才说的什么词？（示意）

学生：**证据**。

教师：证据是用来支撑主张的文本证明。**证据**是什么意思？（示意）

学生：用来支撑主张的文本证明。

教师：今天，我们将要为已经从书中确定的主张寻找书面证据。

教师：第三个词：**理由**。我刚才说的什么词？（示意）

学生：**理由**。

教师：理由是对主张的初始支撑。**理由**是什么意思？（示意）

学生：对主张的初始支撑。

教师：第四个词：**支持**。我刚才说的什么词？（示意）

学生：**支持**。

教师：支持是对主张提供更多支撑。**支持**是什么意思？（示意）

学生：对主张提供更多支撑。

教师：今天，我们将要从书中为已经确定的主张寻找证据和理由。

教师：第五个词：**限定**。我刚才说的什么词？（示意）

学生：**限定**。

教师：限定是与主张有抵触的陈述。**限定**是什么意思？（示意）

学生：与主张有抵触的陈述。

在完成了新单词的教学和练习之后，该教师将图形组织者分发给学生，并利用其向学生示范教学方法 5 的实施过程。剩余的课堂时间将留给学生以小组的方式对第二个文本进行梳理。

确定并分析作者主张的中学反例

该反面案例中的教师没有对学术词汇进行直导教学。他认为这些内容学生自己能很快掌握。然而，他的学生在抽样测试中表现一直很差，无法完成至少要使用五六个学术词汇的建构题型。当学生没有对这些术语建立起长期记忆时，他们经常会在参与的过程中对自己的能力产生怀疑。

判断学生是否能确定并分析作者的主张

当学生能够通过尽可能多的方式展示他们对各种术语的意义的理解，且能够从任一作者的作品中找出例证并进行总结时，才能说你的教学达到了预期结果。

你需要针对学生不同的掌握表现方式，采取聆听、寻找、阅读、核实、检查或判定等监控行为，以确保学生在监控范围内取得进步。

以下是一些关于学习监控的操作建议：

◇收集学生独立完成的图形组织者。

◇当学生以小组的方式进行活动时，教师在教室里走动，并有意地观察和聆听学生在具体场合中术语的使用。

◇当你在进行新的学术词汇的直导教学时，需对过程进行仔细监控。你可以频繁地让学生回答问题，这样就能够很快找出尚未掌握新学术词汇读音和意义的学生。

表 5.3　学生确定并分析作者主张的水平量规

新手入门	基本掌握	预期达标
学生掌握了主张、理由、支持、限定、风格、意图及文本结构的定义，但是无法将其从具体文章中识别出来	学生能够从具体的文章中识别出主张、理由、支持、限定、风格、意图及文本结构，但是无法将主张的分析与文章的意图、内容和风格联系起来	学生能够成功从具体的文章中识别出主张、理由、支持、限定、风格、意图及文本结构，同时能够将主张的分析与文章的意图、内容和风格联系起来

开展支架教学和拓展教学满足学生的需要

当班级中同时存在学习困难的学生和超出正常水平的学生时，可以通过设计适当的课堂活动来满足他们各自的需求。

支架教学

◇在图形组织者中给出提示和句子开头。

◇要求学生在家中与兄弟姐妹或父母一起练习直导教学的内容。

◇如果可以的话，让助手或辅助人员将该教学方法的一些内容提前教给学生，这样学生便有了先验知识。

拓展教学

◇创造作者主张的反证。

◇将该教学方法应用于不同作者的更具挑战的作品中。

◇要求学生用该教学方法对同一作者的不同时期的作品进行比较。

◇要求学生用该教学方法对不同作者的同一主题的作品进行比较。

教学方法 6　评价作者的推理过程和论据

与前面几个教学方法相比，本书中最后一个教学方法意在帮助学生进行更高水平的推理。学生不仅需要找出作者的具体主张及论据，还需要对推理过程的有效性及论据的相关性和充分性进行评估。

以下是从第八版《大学与职业准备锚定标准》“阅读”中截取的：“对文章的论点和具体观点进行说明和评价，包括推理过程的有效性及论据的相关性和充分性。”如果你目前正在教学中落实该项标准，便知其中的不易。尽管实施很难，我们仍提供了一套具体的操作步骤，指导你如何带领学生有效达成该标准。但在此之前，我们需要了解该标准及教学方法中的专业术语，如表 6.1 所示。

表 6.1 评价作者推理过程和论据的核心术语

术语	定义	示例
说明（delineate）	详细地解释、识别	在该方法的使用过程中，学生需要确定作者的主张、支持和限定，并列出论据提纲
评估（evaluate）	确定价值	在该方法的使用过程中，学生需要判断作者的推理过程是否有效，以及论据是否相关且充分
合理（defensible）	有效	当推理过程中不包含任何教学方法 1 中所列举的错误时，推理即是合理的
充分（sufficient）	充足	作者需提供足够的论据以引起读者对主张的重视
相关（relevant）	有关联	各论据材料都与主张相关，且在编排上存在内部的逻辑关系

如何有效评价作者的推理过程和论据

在学生渐渐领会了本书中前几个技巧的概念和过程后，方可继续教他们对作者推理过程的有效性及所示论据的作用进行评价。学生可能无法按照指令为所有的推理错误提供定义或解释，但是他们必须理解观念中的错误，同时承认推理错误的存在。只有这样，学生才算是建立起了本教学方法所要求的庞大的错误库。

学生应当明白，他们在课堂讨论中所说的话及撰写的作品必须合情合理（例如，符合逻辑）。如果要与前一方法中的某个短语相呼应，那么这个短语首先得有意义。如你所知，这些技能的掌握与熟记内战中的战役或学习乘法表不同。它们需要直观的教学、持续的示范、频繁的练习及长期的要求。且过程一旦开始，你会很快看到学生能力发展的种种迹象。

表 6.2　评价作者的推理过程和论据的教学步骤

步骤	讨论
1. 选择课程标准和内容	经常性地将该教学方法与相关的标准和内容联系起来
2. 对表 5.1 中的新术语进行直导教学	参照教学方法 5 中的脚本化文本（在中学正例中）进行新学术词汇的直导教学
3. 根据表 6.3，对正例和反例的意义进行直导教学	学生可以将这组正例和反例用于实践参考
4. 利用简单文本对该方法进行示范，确保学生能够更加轻松地掌握你对文本的推理过程。在演示的过程中，参照表 6.4，对作者的推理过程及论据的充分性和相关性进行评估	课前做好准备工作并进行示范预演。当你能够熟练地进行出声思考时，便可以在快节奏的课堂讨论中即兴使用。但是前期依然需要事先准备
5. 在实施该方法前，准备一些空白的图形组织者让学生在过程中完成	图形组织者的完成不应是教师的个人行为，而学生的任务也不应是“复制→粘贴”。学生可以借鉴你的做法，但是必须开展独立的思考

表 6.3　推理和论据的正例与反例

合理的推理过程示例	不合理的推理过程示例
推理过程符合逻辑且有意义	推理过程包含一个或一个以上的教学方法 1 中描述的逻辑错误。这些错误会削弱主张的真实性和有效性
推理过程能够支撑主张和支持	尽管推理过程看似支撑了主张，但是需修正才能充分、合理地支撑主张

（续表）

相关论据示例	无关论据示例
论据直接与主张和支持相关 作者引用了该领域专家的文章和观点 作者所举信息来源可靠、可信	论据取自与主张无关的研究领域 论据来源分散且不相关，作者未能对其进行整合
充分论据示例	**非充分论据示例**
作者通过大量的信息来支撑主张 作者使用了多种类型的论据来涵盖事实和统计数据	论据来源单一 论据过于侧重作者的观点和认识 未能将专家观点熟练地融入推理过程

表 6.4　评价作者的推理过程和论据

问题	圈出“是”或者“否”	解释
作者的主张合理吗?	是　　否	
作者的论据与主张有关联吗?	是　　否	
作者的论据充分吗?	是　　否	

常见错误

教学方法 4、5、6 均与学生提出和支撑论点有关，其中常见的错误也相似。这里则额外列出了一些高危误区，提醒大家注意：

◇教师在进行教学设计时，没有将示范和出声思考考虑在内。

◇教师在进行新的思维技能教学时，使用的教材不利于学生阅读和理解。

◇教师没有设计充足的样例供学生明确区分合理 / 不合理、相关 / 不相关及充足 / 不充足。

◇教师没有为学生处理困难文本提供等待时间。

◇教师没有为学生学习新词汇提供足够的机会。

评价作者的推理过程和论据的课堂正例与反例

以下提供了两则推理评价的正例（一则小学案例和一则中学案例）及相对应的反例。参照之前列举的常见错误，借鉴正面案例中教师的可取做法，警惕反面案例中的错误示范。

评价作者的推理过程和论据的小学正例

首先呈现的是两则五年级的教学案例。学习目标是：“解释作者是如何使用推理和论据来支撑文中论点的，并找出每个分论点的推理和论据支撑。”（CCSS ELA & Literacy, Reading-Informational Text, Grade 5, Standard#8）

这段时间，该教师一直在设计评价作者推理过程和论据的教学。为此，她会专门从报刊上收集有署名的短篇专栏文章，尤其是那些权威人士所写的相关领域内的专业文章。尽管她找到了好多主题相同但观点不同的评论文章，但符合五年级学生阅读水平的却很少，除了两篇讲述吸烟危害的文章。于是，该教师将用其中一篇进行阅读和示范，而另一篇则留给学生以小组讨论的方式自主学习使用。每个学生均需独立完成图形组织者中的内容。该课程案例中，教师首先向学生解释了今天的学习目标。

她在学生进入教室之前，将出声思考的文本展示在投影仪上，并在电子白板上给出了图形组织者。这些设备方便她在文本和图形组织者之间切换。

早上好，同学们。在之前的健康课上，我们了解了吸烟的危害，下面我们将利用所学知识对两篇文章进行分析。它们是我在报刊上找到的，出自不同的作者。分析是指对材料的各部分逐一进行细致研究。这两位作者的观点或论点非常鲜明。我们的任务是对文章内容进行有机切割，厘清各作者论点的合理性，并明确各文章内容是否可信。为此，我们需要找出书面的论据材料，明确论据是否与论点相关，以及论据是否充分且有意义。

教师将找出的论点写在了图形组织者上。她说，论点找到之后便可以着手寻找论据。于是教师又大声朗读了文章中的一段内容，要求学生两人一组从中找出能够支撑作者论点的良好论据。随后，请其中一组学生上前用数字1标出第一个论据所在。按照此法，教师和学生一起对文本中各章节逐个进行了分析，过程中还敦促学生参与思考，和同伴一起找出论据所在。几乎所有的学生都至少能有一次上台展示的机会。

该教师将论据写在了为学生简化过的图形组织者上。现在他们需要明确论据的相关性和充分性。他们需要回答表 6.4“评价作者的推理过程和论据”中的问题。

评价作者的推理过程和论据的小学反例

该反例中的教师直接略过了术语的介绍和准备环节，也没有为学生提供示范和进行出声思考。她仅仅给每个学生发了几篇文章和图形组织者，并让学生四人一组完成任务。该教师没有发现其中有两个小组遇到了困难，因而他们一直在讨论周末的校园活动。过程中还发生了很多错误，而这些错误却都是可以通过提前规划、设置课程目标、准备和预演出声思考及严密监控学生行为来避免的。你还可以从中发现其他的错误。

评价作者的推理过程和论据的中学正例

以下两则案例均发生于八年级的英语语言文学课堂，且都基于如下的学习目标：对文章的论点和具体观点进行说明和评价，包括推理过程的有效性及论据的相关性和充分性；找出错误的阐述和不合理的推理。（CCSS ELA & Literacy, Reading-Informational Text, Grades 9-10, Standard#8）以下是她的课程介绍。

> 同学们，这学期的学习要求非常高，你们也为之付出了极大的努力。（教师提前在白板上写下了上述标准。）其中一些学过的新术语，我想再次强调一下。（教师指向墙上的一张列出了重要的术语及其意义的表格。）短短的几周过后，你们将会面临一场评估测试，以检查标准的掌握情况。一些学生已经摩拳擦掌、自信满满，但是仍有部分学生哆哆嗦嗦、心情忐忑。下面，我将以一篇有关全球变暖的文章为例，向大家演示此类任务的应对方法。请仔细听，我将在阅读的过程中通过出声思考得出图形组织者中问题的答案。

该教师复印了一份有关全球变暖的文章供学生阅读。她综合运用了各种从其他中小学教师身上学到的有效举措。她直接教授学生新的学术词汇，并以文章中的一段为例，示范出声思考的过程。这些热身活动结束之后，该教师将学生分为五人一组，要求每组对文章的整体逻辑进行验证，尤其是评估论点的有效性及论据的充分性和相关性。学生将小组结论记录在图形组织者上。各组完成之后，教师会安排小组之间（以及教师）互相交流讨论结果。而教师则负责帮助学生总结第一轮操作过程中的成功和不足之处。

评价作者的推理过程和论据的中学反例

该反例中的教师设置了同样的教学目标，但是却不愿与同事交流教学内容和方法。她这种行为既是对学生的不负责任，也剥夺了自己成为一名高效教师的机会。

判断学生是否能评价作者的推理过程和论据

要想对学生评价作者推理过程的有效性及论据的相关性和充分性的水平进行监控，可以采取以下方法：

◇收集思考单及其他文件，了解学生记录下的自己的思考过程。

◇学生会从各类的数字资源中寻找可靠且相关的信息，教师需对这些资源进行评估，同时让学生阐述选择特定资料的理由。

◇检查学生是否能独立进行推理验证。

◇对小组的推理质量进行反思，并聆听学生建议，以使教学更富成效。

可以使用下方的学生水平量规来衡量学生在评价作者推理过程的有效性及论据的充分性和相关性方面的能力和水平。

表 6.5 学生评价作者推理过程和论据的水平量规

新手入门	基本掌握	预期达标
学生知道说明、评估、合理、充分和相关的意义，但是无法将其应用于分析作者的文章中	学生能够从作者的文章中找出这些概念的表现，但是无法评估推理过程或者论据的充分性和相关性	学生能够成功找出另一作者的文章论点、建立理由、提供支持和框定限定 学生能够评估作者的推理过程及论据的充分性和相关性

开展支架教学和拓展教学满足学生的需要

满足学生需求，意味着课程设计需要同时基于学习困难的学生和学习优良的学生实际，让他们在课堂上实现更多的自我管理。以下是提供的一些样例：

支架教学

◇为学习困难的学生提供同伴支撑。

◇为学生在家练习新术语的发音和意义提供讲稿。

◇在要求学生独立完成图形组织者中所有的步骤时，为学习困难的学生提供论点，这样他们能接着完成剩下的步骤。

◇为学生呈现正面和反面的文字案例，以提供更多机会让学生理解该过程。

拓展教学

◇让学生设计图形组织者或者对所提供的图形组织者进行重新设计，以为学习困难的学生提供更多信息。

◇比较两位作者同一主题的作品，分析他们论点和论据的异同并猜想原因。

◇比较同一作者在不同时期的作品，分析作者的观点和论据是如何随着时间而变化的。

结 语

本书旨在帮助教师开展更加有效的课堂教学。正如本书之前已经介绍过的，首先教师需要熟练地帮助学生验证自身的推理过程，即两步策略，包括言之有理的逻辑和使用论据支撑论点。

为了检验本书目标是否达成，教师不仅要从学生中搜集信息，还要从导师或者同事中寻求反馈，以找到志同道合之人，同时在策略的实施过程中，积极开展有意义的反思。这样一来，即使教师没能从本书中学得零星技巧，至少也可认识到监控的重要性。监控是教师的专业水平以及学生的学习成绩增长的临界点。策略使用并不是终点，教师的目标应该是预期结果：学生在验证自身推理的过程中对内容获得更深层次的理解。

为了更有效地实施本书策略，请遵循以下三个步骤：

1. 在策略实施过程中，发挥自身的能力和创造力对本书中的各种教学方法进行适应性改编。

2. 对预期结果进行监控。换句话说，就是在使用某教学方法的同时，对其有效性进行分析。

3. 如果监控结果显示，因为教师没有提供充分的教学指导而导致学生未能实现预期结果，这时教师便要想办法改变和调整。

毫无疑问，本书可以作为教师提升个人专业技能的行为指南，但是当教师与同事一同研读和实践时，必将获益更多。

反思与讨论问题

在小组会议或向教练、导师或督学会面寻求精神食粮前，教师可以使用以下的反思与讨论问题：

1. 在阅读和实施本书的教学方法之后，你的教学发生了怎样的变化？

2. 在为学生提供支架教学和拓展教学的过程中，你总结出哪些调整和改进教学方法的技巧？

3. 在实施本书教学策略的过程中，你遇到的最大挑战是什么？

4. 实施本书教学策略后，学生的学习发生了哪些变化？

5. 你会如何与同年级或同一部门的同事分享学到的东西？

参考资料

[1]Common Core State Standards Initiative. (2010a). *Common Core State Standards for English language arts & literacy in history/social studies,science, and technical subjects*. Washington, DC: Author. Retrieved September 10, 2014, from <http://corestandards.org/assets/CCSSI_ELA%20Standards.pdf>.

[2]Common Core State Standards Initiative. (2010b). *Common Core State Standards for mathematics*. Washington, DC: Author. Retrieved September 10, 2014, from <http://www.corestandards.org/wp-content/uploads/Math_Standards.pdf>.

[3]Dickson, S. V., Collins, V. L., Simmons, D. C., & Kame'enui, E. J. (1998). Metacognitive strategies: Instructional and curricular basics and implications. In D. C. Simmons & E. J. Kame'enui(Eds.), *What reading research tells us about children with diverse learning needs*(pp. 361–380). Hillsdale, NJ: Erlbaum.

[4]Marzano, R. J. (2007). *The art and science of teaching*. Alexandria, VA: Association for Curriculum and Supervision Development.

[5]Marzano, R. J., Boogren, T., Kanold-Mclntyre, J., & Pickering, D. (2012). *Becoming a reflective teacher*. Denver, CO: Marzano Research Lab.

[6]Marzano, R. J., & Toth, M. D. (2013). *Deliberate practice for deliberate growth: Teacher evaluation systems for continuous instructional improvement*. West Palm Beach, FL: Learning Sciences International.

[7]Marzano, R. J., & Toth, M. D. (2014). *Teaching for rigor: A call for a critical instructional shift*. West Palm Beach, FL: Learning Sciences International.

[8]Massachusetts Department of Education. (2003). *History and social science curriculum framework*. Malden, MA: Author. Retrieved September 10, 2014, from <http://www.doe.mass.edu/frameworks/hss/final.pdf>.

[9]McEwan-Adkins, E. K. (2010). *40 reading intervention strategies for K–6 students: Research-based support for RTI*. Bloomington, IN: Solution Tree Press.

[10]McEwan-Adkins, E. K., & Burnett, A. J. (2012). *20 literacy strategies to meet the Common Core: Increasing rigor in middle and high school classrooms*. Bloomington, IN: Solution Tree Press.

[11]NGSS Lead States. (2013). *Next Generation Science Standards: For states, by states*. Washington, DC: National Academies Press. Retrieved October 11, 2013, from <http://www.nextgenscience.org/next-generation-science-standards>.

[12]ProCon.org. (2014). "Climate Change Debate ProCon.org," ProCon.org. Last modified June 27, 2014. <http://climatechange.procon.org/>.

[13]Rittle-Johnson, R., & Star, J. R. (2007). Does comparing solution methods facilitate conceptual and procedural knowledge? An experimental study on learning to solve equations. *Journal of Educational Psychology*,99(3): 561−574.

[14]Sturges, P. (2002). *The little red hen makes a pizza*. New York: Puffin Books.